AF465892

ALBÉRIC NETON

L'INDO-CHINE

ET

SON AVENIR ÉCONOMIQUE

AVEC UNE PRÉFACE

Par M. Eugène ÉTIENNE

PRÉSIDENT DU GROUPE COLONIAL

Librairie académique PERRIN et Cie.

L'INDO-CHINE

ET SON AVENIR ÉCONOMIQUE

DU MÊME AUTEUR

Sieyès (1748-1836), d'après des documents inédits.
Première édition, 1 vol. in-8°.
Deuxième édition, 1 vol. in-12.

Pour paraître prochainement :

La Politique extérieure de la Révolution, tome I. *La France attaquée.*

En préparation :

Tome II. *La France se défend.*
Tome III. *La France s'agrandit.*

ÉMILE COLIN, IMPRIMERIE DE LAGNY (S.-&-M.)

ALBÉRIC NETON

L'INDO-CHINE

ET

SON AVENIR ÉCONOMIQUE

AVEC UNE PRÉFACE

Par M. Eugène ÉTIENNE

Président du Groupe colonial.

PARIS

LIBRAIRIE ACADÉMIQUE DIDIER

PERRIN ET Cie, LIBRAIRES-ÉDITEURS

35, QUAI DES GRANDS-AUGUSTINS, 35

1904

PRÉFACE

Un grand progrès a certainement été réalisé dans notre pays depuis l'époque où le prince de Bismarck, dans un de ses paradoxes restés fameux, définissait l'attitude coloniale de l'Angleterre, de l'Allemagne et de la France. « L'Angleterre, disait-il, a des colonies et des colons ; l'Allemagne a des colons, mais n'a pas de colonies (c'était en 1883) ; la France a des colonies, mais n'a pas de colons. » Le mot eut d'autant plus de succès chez nous qu'il correspondait à la thèse favorite des adversaires de la Tunisie, des adversaires du Tonkin, aussi nombreux à cette époque qu'ils sont devenus rares aujourd'hui. Pourquoi, comment coloniser quand il n'y a pas d'excédent de population qui alimente un courant régulier d'émigration ? Cependant la France est devenue coloniale ; ses jeunes énergies trouvent en Afrique, en Asie, en Océanie l'emploi d'initiatives que rebutent les voies trop encombrées de la vieille Europe.

Les officiers, les explorateurs ont montré la route. Et maintenant, c'est la jeunesse studieuse qui, à la parole de ses maîtres, comprend qu'il y a aux colonies non seulement de beaux coups à donner ou à recevoir, non seulement des découvertes à faire, mais aussi de fructueuses entreprises à tenter. Du même coup est entrée, dans le domaine des idées universellement admises, une vérité timidement énoncée auparavant par quelques théoriciens audacieux : à savoir que l'expansion au dehors, loin d'être une cause d'affaiblissement pour un pays par le prélèvement qu'elle détermine sur l'effectif de sa population, vivifie les forces actives de la nation et augmente sa puissance politique.

Mais qu'on nous entende bien. Il ne s'agit pas de diriger vers les colonies des fruits secs, mais des jeunes gens, cultivateurs, ingénieurs, commerçants, industriels, armés pour la vie et spécialement préparés à l'existence coloniale. Déjà Lyon, Marseille, Bordeaux ont pris des initiatives hardies que le succès n'a pas tardé à couronner. Petit à petit, la pépinière des colons utiles se forme, se complète, et répondra bientôt à tous les besoins.

Nous n'aurons plus le lamentable spectacle de l'exode vers les pays lointains, sous le nom d'émigrants, de malheureux qui n'ont pour tout bagage que les désillusions d'essais malencontreux tentés sur le vieux continent et les illusions qu'entretient leur ignorance des terres nouvelles où ils vont chercher fortune. Il est de toute nécessité que chacun sache à l'avance quelles sont les conditions, souvent difficiles, du succès, et qu'il ait avant de partir la certitude de trouver un emploi immédiat de son activité, de sa compétence spéciale et de ses capitaux. C'est ainsi que s'opèrera la mise en valeur de nos colonies et principalement de l'Indo-Chine, la plus riche, la plus prospère, la plus puissante de toutes. N'est-elle pas déjà en pleine activité et ne fait-elle pas, chaque jour, preuve d'une incomparable énergie? L'ordre et la discipline, partout rétablis, ont ramené la confiance. Les indigènes ont repris possession des terres que la piraterie avait fait abandonner. L'impôt ancien a rendu au delà des prévisions les plus optimistes. Des taxes nouvelles ont été acceptées sans trop de peine et sont venues grossir les recettes du budget. Aux déficits d'autrefois ont succédé les excédents. Après avoir gagé les emprunts qu'a autorisés le Parlement, ils ont permis de payer une part importante des dépenses militaires que la métropole avait conservées à sa charge; d'emplir la caisse de réserve, qui présente un respectable actif de 30 millions; de subventionner enfin d'une façon très profitable à l'influence française des établissements ou des entreprises qui sont en dehors du territoire indo-chinois. La colonisation s'est également développée. En 1896, le nombre des exploitations rurales européennes était de 323 avec une superficie de 80.861 hectares. A la fin de 1901, il était de 717 avec 357.481 hectares. Quant au commerce, dans la même période, il a augmenté de 148 pour 100, la part de la France passant de 30 à 100 millions pour les marchandises qu'elle envoie en Indo-Chine, de 10 à 39 millions pour les produits qu'elle en reçoit.

*
* *

Il est, en effet, peu de colonies qui aient bénéficié d'un aussi remarquable essor. Et le fait est d'autant plus surprenant que l'Indo-Chine est le dernier né — si je puis ainsi m'exprimer — de toute la famille. Voyez ses aînés, nulle part on n'y sent s'affirmer un organisme aussi robuste, une vitalité aussi puissante. Et cependant nulle colonie n'eut à vaincre plus de résistances, plus de préjugés, plus de parti-pris.

L'histoire est toute récente de cette impopularité qui frappait le Tonkin, cette colonie lointaine que l'on disait malsaine, meurtrière, infestée de pirates, pays de brousses et de forêts où jamais les Français n'oseraient s'établir. Puis, peu à peu, les préventions sont tombées ; on s'est risqué — timidement — à venir dans ces inquiétantes régions, on les a parcourues ; un jour, enfin, on s'y fixa. Et quand ceux qui y avaient pénétré les premiers furent revenus et qu'ils eurent montré toute la fausseté des légendes ou des préventions répandues sur l'Indo-Chine, un mouvement de sympathie se manifesta dans l'opinion. La conquête morale était faite. Depuis la faveur du public n'a fait que s'accroître, et aujourd'hui, cette colonie, bafouée, décriée, est devenue comme un enfant gâté à qui on ne sait rien refuser. Elle a joui d'un véritable régime de faveur et il faut reconnaître qu'elle sut très utilement et très intelligemment le mettre à profit.

Jusqu'en ces dernières années, l'absence ou l'imperfection des moyens de communication, la lenteur, l'incertitude, le prix élevé des transports, la difficulté de se procurer parfois la main-d'œuvre sur place, tout enfin, jusqu'à notre ignorance des mœurs et des coutumes d'un peuple que nous voulions coloniser, furent de très sérieux obstacles à une œuvre d'ensemble et paralysèrent les initiatives privées.

Le mouvement industriel se dessinera de plus en plus, à mesure que les richesses que l'Indo-Chine recèle en abondance sur toute l'étendue de son territoire seront mieux connues et surtout mieux utilisées, et, qu'à côté des chemins de fer, la construction de routes nombreuses, l'extension des services de correspondances fluviales, l'organisation des lignes de cabotage achèveront de préparer le pays en vue d'une production de plus en plus intense.

L'Indo-Chine est à une heure décisive de son histoire. Son avenir économique se précise et s'affirme au loin. Encore quelques années de tranquillité et de paix, de labeur et de patience, et elle aura pris, dans les relations mondiales, la situation qui lui revient sans conteste.

Quel chemin franchi en moins de quinze ans !

*
* *

En 1890, l'administration des Colonies — qui n'était, à cette époque, qu'un sous-secrétariat d'État insuffisamment émancipé de la tutelle d'un autre ministère — soumettait au gouvernement un projet d'emprunt destiné à liquider le passif du Tonkin et à doter notre nouvelle colonie de l'outillage indispensable à sa sécurité et à son développement. Ce mot d'emprunt sonnait mal, à cette époque, aux oreilles parlementaires. Après une consultation sommaire de la Commission du budget, le ministre des finances substituait à la combinaison primitive un projet d'avances, au taux de 3 pour 100, à faire par le Trésor à la Colonie. Mais les Chambres ne voulaient pas plus d'avances que d'emprunt. Le Tonkin dut se contenter de quelques menus subsides et vivre d'expédients en attendant des jours meilleurs.

Six ans plus tard, la loi du 10 février 1896

autorisait le protectorat de l'Annam-Tonkin à contracter, avec la garantie de l'État, un emprunt amortissable de 80 millions, dont 43 millions ont servi à liquider des engagements antérieurs et 37 millions à exécuter des travaux publics particulièrement urgents. Deux ans plus tard un pas nouveau était franchi. M. Doumer obtenait du Parlement l'autorisation d'emprunter 200 millions pour la construction de chemins de fer en Indo-Chine. La garantie métropolitaine n'intervenait que pour la ligne qui de Laokay pénètre en territoire chinois. L'emprunt indo-chinois proprement dit n'était garanti que par la seule colonie. Lancées dans le public, par l'intermédiaire de la Banque de l'Indo-Chine et de quatre de nos principales banques d'émission, les obligations de 500 francs à 3 1/2 créées par le gouvernement général ont été, à deux reprises, accueillies avec faveur. Cinquante millions une première fois en 1898, soixante-dix millions une seconde fois en 1902 ont pu être consacrés à l'exécution du réseau ferré indo-chinois.

Actuellement, la ligne de Haïphong à Hanoï est ouverte à l'exploitation; les travaux de la section Hanoï à Laokay sont en cours. La partie de Hanoï à Viétri touche à son achèvement, le tronçon de Viétri à Laokay sera terminé dans deux ans. Avant la fin de l'année, Hanoï sera relié à Nam-Dinh et Vinh au Song-Ma. Sur d'autres points les travaux de terrassements sont adjugés et entrepris; mais il serait prématuré d'indiquer la date de leur achèvement. Ce que l'on peut affirmer, c'est que l'expérience devant laquelle reculaient, il y a treize ans, le gouvernement et les Chambres, est faite aujourd'hui avec un plein succès en Indo-Chine. Le crédit colonial indo-chinois est créé; il se soutient, malgré la dure épreuve que vient de traverser le Tonkin, avec une remarquable fermeté.

Nos colonies ont, en effet, besoin d'être dotées d'un capital de premier établissement nécessaire à leur pleine mise en valeur. Ce capital, ce ne sont pas les subventions de la métropole qui peuvent le fournir, ce ne sont pas non plus les revenus annuels des colonies. C'est au crédit public qu'il faut le demander.

Ainsi ont procédé les colonies anglaises dont la dette, comparée à celle de nos colonies, peut paraître formidable. Pour le Canada, elle s'élève à 346 millions 207.980 dollars, c'est-à-dire à 1 milliard 700 millions de francs. Le Cap a 27 millions 613.947 livres sterling d'emprunts non garantis, sans préjudice de 3 millions 483.878 livres d'emprunts garantis ; en tout, en chiffre rond, plus de 750 millions de francs de dette coloniale. Natal a une dette de 225 millions contractée pour la construction de ses chemins de fer. En Australie, chacune des sept colonies qui forment le Commonwealth a eu recours à l'emprunt pour des totaux qui varient de 300 millions de francs (pour l'Australie Occidentale) à 1.625 millions (Nouvelle-Galles du Sud). D'année en année, ces dettes augmentent, à mesure que s'impose l'exécution de nouveaux travaux. Nul ne s'en étonne chez nos voisins ; personne ne s'en effraie. On sait que les travaux entrepris augmenteront les revenus de la colonie, et cette plus-value, en laquelle le public a foi, constitue le meilleur gage, la plus sûre garantie des emprunts coloniaux.

Que manque-t-il à nos colonies pour inspirer la même confiance? Il leur manque surtout d'être connues. Et c'est pourquoi, on ne saurait trop encourager les efforts d'hommes d'initiative qui, comme M. Albéric Neton, ont pris à cœur de dresser l'inventaire méthodique des ressources qu'offre l'Indo-Chine, et de répandre, par la plus large publicité, les résultats de leur enquête.

Je souhaite que tous les bons Français, que tous ceux qui ont le juste souci des vrais intérêts du pays lisent et méditent ce livre, fruit d'études consciencieuses et d'observations sagaces. Ils y trouveront, en même temps qu'un enseignement utile pour le présent, des espérances réconfortantes pour l'avenir.

Eug. Etienne.

Paris, le 10 Septembre 1903.

AVANT-PROPOS

On a déjà beaucoup écrit sur l'Indo-Chine et de fortes et substantielles études ont appris au grand public à mieux connaître et à mieux apprécier ce pays. Je crois les avoir à peu près toutes lues, et bien qu'elles aient forcément traité les diverses matières qui font l'objet du présent livre, je n'hésite pas à publier celui-ci, persuadé que tout n'a pas encore été dit, qu'au contraire, bien des points ont été laissés dans l'ombre, points qu'il est indispensable que l'on découvre, lacunes qu'il est nécessaire de combler sans retard.

Soit que l'on ait fait l'éloge ou la critique, soit que l'on ait défendu ou attaqué — thèse, dithyrambe, réquisitoire — la préoccupation personnelle perce dans tous les écrits précédents, et le lecteur impartial, celui qui veut, en dehors de tout parti-pris, se faire une opinion, ne peut se dégager des formules où voudrait l'enfermer l'écrivain, ni s'affranchir de jugements qui paraissent vouloir lui être imposés.

L'heure est venue où les faits doivent être exposés en toute impartialité, afin qu'ils puissent parler par eux-mêmes et provoquer le verdict que l'histoire prononcera un jour. Vingt ans d'efforts, de travail et de luttes; vingt ans où l'on a dépensé, sans compter, l'énergie de la France, son intelligence et son argent, constituent un témoignage que rien ne peut obscurcir ni troubler, et il devient puéril de songer même à l'essayer. C'est ce témoignage qu'il faut invoquer. Décriée systématiquement par les uns, louée avec excès par les autres, l'Indo-Chine se présente aujourd'hui avec toute la pureté d'une œuvre lentement dépouillée des scories, des souillures, des impuretés qui l'embarrassaient, en altéraient les contours ou en dissimulaient les formes.

Il ne s'agit pas de rechercher la part plus ou moins grande qui revient à chacun; il ne s'agit pas davantage de proclamer, souvent aux dépens d'un autre, les résultats particuliers ou même ceux d'un instant. Il faut voir plus haut et plus grand. Il faut surtout s'élever au-dessus des petites considérations, parfois étroites, toujours mesquines, d'intérêt personnel, et voir l'œuvre d'ensemble, l'œuvre générale, la fresque grandiose qui embrasse toute une époque, où, artisans d'un même travail, les hommes d'hier comme ceux d'aujourd'hui se trouvent groupés, unis et confondus. Longtemps, la France n'a voulu voir dans l'Indo-Chine qu'une colonie militaire, sans le moindre avenir commercial ou industriel, une marche sur les frontières de Chine, un point de pénétration éventuelle dans cet Empire du milieu considéré, au contraire, comme un véritable Eden, dont toutes les puissances continentales viendraient un jour se disputer les richesses et se partager les lambeaux. C'était une double erreur. D'abord, la Chine est loin d'être ce pays merveilleux que quelques-uns se sont plu à décrire, et rien ne paraît plus problématique que les espérances que l'on avait un instant fondées sur elle. Au surplus, elle traverse aujourd'hui une telle crise qu'il devient impossible de pronostiquer quoi que ce soit et encore moins de prévoir, sauf le cas de décomposition ruinant alors tout le profit escompté, si cette opération toujours un peu rude, qui s'appelle en histoire un partage, donnerait les résultats qu'on en attend. La seconde erreur est plus capitale encore. Considérer l'Indo-Chine comme une colonie militaire, c'est méconnaître, en même temps que tous les sacrifices qui ont été faits dans ces vingt dernières années, la situation même du pays, la mentalité de la race, la valeur du sol, sa position géographique, comme aussi son passé, son origine, son histoire.

Nulle autre colonie que l'Indo-Chine n'est, au contraire, appelée à un plus grand développement commercial et industriel, nulle n'a devant elle un avenir économique plus brillant. Tant que l'instabilité, l'insécurité désolaient la plupart des provinces, que les relations étaient loin d'être assurées, que, d'un bout de l'empire à l'autre, l'hostilité ou la méfiance paralysait tout système d'échange, les détracteurs avaient beau jeu ; il était, en effet, à peu près impossible de songer à tirer un parti quelconque des divers éléments utilisables. Mais aujourd'hui rien ne s'oppose plus à l'exploitation sur place des matières premières que l'on trouve répandues, en abondance, sur presque toute la surface du Tonkin et de l'Annam. Ce n'est, certes, pas la main-d'œuvre qui manque, elle est, au contraire, considérable, parfois habile et toujours à bon marché ; ce ne sont pas davantage les moyens de communication, car bien que le réseau de chemins de fer soit à peine entamé, on supplée facilement à son insuffisance par la voie de mer, par les routes qui sillonnent tout le pays et aussi par les canaux. La jonque ou le sampan, bien qu'encore primitifs comme procédés, rendent cependant d'inappréciables services et ont surtout l'avantage d'être appropriés aux besoins mêmes du pays.

Non, ce qui a manqué jusqu'ici à l'Indo-Chine, ce qui lui manque encore aujourd'hui malgré les incontestables progrès réalisés, ce qu'il est indispensable qu'elle possède pour jouer le rôle que sa position sur le globe lui assigne, c'est-à-dire pour devenir la rivale favorisée de l'Inde, ce sont les colons et surtout les capitaux. Trop rares encore sont ceux de nos compatriotes qui sont venus s'y installer, apportant, avec leur connaissance des affaires, leur activité, leur intelligence et leur argent. Et rien n'est plus attristant que la lente évolution des industriels et des capitalistes français, lorsqu'on a pu se rendre compte, comme nous venons de le faire, de ce que peut donner un pays qui produit, presque à foison, pourrait-on dire, le charbon, la soie, le coton, le sucre, le caoutchouc, l'indigo; où l'on trouve d'abondantes mines, de riches gisements, de puissantes carrières; où d'immenses forêts peuvent fournir les essences les plus variées; où la nature, semble-t-il, a voulu largement doter les hommes et les combler de bienfaits comme pour leur rendre plus amer le regret de leur impuissance et l'aveu de leur abandon.

Livré à ses propres ressources, l'indigène — dont je dirai plus loin les étonnantes aptitudes — ne peut faire grand chose et c'est miracle qu'il ait même pu résister si longtemps. Le jour où vous lui aurez donné les instruments qui lui manquent, et où vous l'aurez initié aux procédés modernes de fabrication et d'outillage, avec le don prodigieux d'assimilation qu'il possède, avec ses admirables qualités d'endurance, de patience et de ténacité, on peut, sans exagérer, prédire qu'il se produira, en très peu d'années, dans le domaine économique une transformation complète.

Il faut savoir ce qu'était l'Indo-Chine lorsque nous y avons pénétré la première fois, il faut avoir vu ce qu'elle est devenue en moins de vingt ans, malgré d'incessantes fluctuations, malgré les erreurs, les faux départs, les contradictions, le manque absolu de méthode et d'esprit de suite de notre politique coloniale, pour comprendre et aimer ce pays. C'est l'histoire attachante du passé, c'est l'étude raisonnée du présent, ce sont les nécessaires probabilités d'avenir que nous voudrions fixer, établir et indiquer, *sine ira*, en toute impartialité, sans aucun souci des personnes, sans autre considération que de faire œuvre d'historien, et de rendre à l'Indo-Chine la part qu'elle doit occuper dans les préoccupations comme dans les espérances légitimes du pays. L'Indo-Chine, c'est la moisson qui se lève, c'est la France retrouvant au loin son génie, sa beauté et son art ; c'est la consécration glorieuse d'une lente obstination ; c'est la réalisation certaine d'un rêve longtemps caressé ; c'est enfin, à l'aurore d'un siècle nouveau, l'oubli de douloureux sacrifices qui attristèrent la fin d'une époque déjà lointaine, mais toujours vivace par ses souvenirs.

Nombreux sont ceux qui sont tombés sur la route, nombreux sont ceux qui, ayant été courageusement à la peine, ne seront pas à l'honneur. Français des siècles futurs, lorsque vous promènerez votre regard sur ces régions immenses où la patrie se sera comme renouvelée et vivifiée, pensez à ces hardis pionniers; dites-vous qu'ils ont acheté bien cher la gloire dont vous jouirez! Pleurez-les, mais ne les plaignez pas! Ils ont donné leur vie sans compter, mais ils sont morts heureux, parce qu'ils savaient qu'un jour, sur ces terres, arrosées de leur sang, fleurirait une seconde France aussi belle, aussi riche que celle pour laquelle ils se sacrifiaient!

Hanoï, 3 avril 1903.

LIVRE PREMIER

CE QU'EST L'INDO-CHINE AU POINT DE VUE SOCIAL

CHAPITRE PREMIER

Aperçu historique et développement politique du peuple annamite. — Coup d'œil ethnographique et traits distinctifs de la race. — La religion, le culte des ancêtres, la famille.

Pour bien comprendre l'état d'un pays, pour en suivre l'évolution et en connaître le sens, il est indispensable d'en étudier tout d'abord les divers éléments constitutifs [1].

La péninsule indo-chinoise, qui forme aujourd'hui un tout complet, est comme la synthèse de tous les peuples d'Extrême-Orient. Sous le nom générique d'Annamites, on englobe d'ordinaire

1. E. Luro, *Le pays d'Annam;* Truong-Vinh-Ky, *Cours d'histoire annamite;* J.-L. De Lanessan, *L'Indo-Chine française;* Harmand, *Le Laos et les populations sauvages de l'Indo-Chine;* P. Doumer, *Situation de l'Indo-Chine.*

des populations d'origine et de mœurs absolument différentes. Il paraît à peu près établi aujourd'hui que les premiers colonisateurs qui vinrent s'y fixer furent d'abord des Malais, peuple essentiellement migrateur, et aussi des Mongols, descendus de la Chine, en suivant le cours des grands fleuves. Sur leurs traces arrivèrent ensuite des tribus aryennes qui semblent s'être fixées de préférence dans le Cambodge et le Siam actuels, où elles jetèrent les fondements de l'Empire Khmer, et dans l'Annam Central où elles fondèrent le royaume Ciampa ou Lâm-Ap. Ces royaumes eurent une existence propre, une civilisation particulière très avancée, et jouirent pendant plusieurs siècles d'une très grande prospérité. De nombreux monuments témoignent de leur richesse, de leur puissance comme du génie artistique des habitants. Il ne reste plus aujourd'hui que des ruines, mais ces ruines sont encore grandioses — comme celles d'Angkor sur la rive septentrionale du Grand-Lac — et attestent, au delà des siècles, le degré du développement, qu'au contact des Aryens, toute la région qui s'étendait sur la vallée du Mékong et sur les plateaux du Laos avait atteint bien avant l'ère chrétienne.

Quant au pays d'Annam proprement dit, l'histoire — légendaire ou authentique — nous le montre d'abord asservi à l'Empire chinois. Qu'était cet

Empire à cette époque? Sur ce point, les savants eux-mêmes sont hésitants. On s'accorde cependant à le placer dans l'espace compris entre les versants du Fleuve-Jaune et du Fleuve-Bleu, et comprenant à peu près ce qu'on entend aujourd'hui sous les noms de Quang-Si, de Quang-Tong, de Yun-Nan et de Tonkin. Le peuple annamite alors désigné sous le nom de race de Giao-Chi[1] (ayant le gros orteil écarté des autres doigts du pied), resta sous la dépendance chinoise jusqu'au commencement du dixième siècle. A cette époque, les Chefs indigènes, las des Gouverneurs chinois, donnèrent le signal de la révolte. Un soulèvement formidable s'ensuivit qui fut le point de départ d'une ère d'indépendance. Mais cette émancipation ne fut en réalité qu'une large décentralisation administrative et politique. L'histoire constate que les diverses dynasties annamites, bien qu'indépendantes dans leur souveraineté, n'ont cessé d'observer, de tous temps, des rapports de vassalité avec l'Empire chinois et que rois et peuple d'Annam ont toujours gardé une profonde admiration pour la civilisation du septentrion.

Vers la fin du dixième siècle, ce qui constitue

1. Ce nom est l'appellation caractéristique de la race au point de vue anthropologique; c'est un signe indélébile qui n'appartient qu'à elle, et, ce qui confirme bien son origine, aux vrais Malais et aux Mongols.

aujourd'hui la péninsule indo-chinoise comprend alors : un empire annamite allant de l'extrémité nord du Tonkin jusqu'au delà de Hué; au sud, le royaume Ciampa, débris de l'ancien Lâm-Ap, qui occupe le reste du littoral jusqu'à la frontière actuelle du Binh-Thuân; enfin l'empire Khmer s'étendant sur la Cochinchine, le Cambodge actuel et une partie des états siamois, avec Angkor pour capitale.

L'histoire est désormais remplie par les divisions intestines qui déchirent l'Annam, par les longues guerres qui le mettent aux prises avec ses puissants voisins et par les incessantes incursions chinoises qui lui enlèvent chaque fois quelques lambeaux de territoire.

Et malgré des revers terribles, des chutes retentissantes, des périodes d'asservissement, l'Annam, étendant peu à peu ses limites, absorbe le Ciampa et gagne sur le Khmer toutes les provinces situées au sud de Mékong.

La race annamite, grâce à une ténacité et à une ardeur belliqueuse qui contrastaient avec l'amollissement de ses rivaux, était ainsi arrivée, à la fin du dix-huitième siècle, à occuper toute la partie du littoral comprise depuis la frontière de Chine jusqu'à Châu-Dôc et Ha-Tiên.

Sous l'Empereur Già-Long, puis sous ses successeurs, la conquête du Cambodge fut à peu près complète, mais les Annamites n'y parvinrent pas sans soutenir de longues guerres avec les Siamois qui s'étaient crus longtemps les héritiers naturels de l'ancien pays des Khmer.

Et c'est au milieu des convoitises des uns, des demandes de secours des autres que la France intervint d'abord en médiatrice, puis en conquérante, unifiant bientôt sous sa suprématie toutes ces races si longtemps en lutte, toutes ces nations tour à tour en révolte, tour à tour vassales ou souveraines. Et si nous avons tracé le tableau du développement politique du peuple annamite, c'est moins pour souligner l'étendue progressive du territoire que pour montrer la formation progressive de cette nation, fortifiée pendant des siècles par son contact avec la civilisation chinoise et comme rajeunie par le sang des diverses races qu'elle a subjuguées ou refoulées dans son extension vers le Sud. Il y a eu, chez le peuple annamite, en dépit d'obstacles et de difficultés de toutes sortes, une puissance d'expansion, une continuité d'effort, un esprit de méthode et de suite qui renferme tout le secret de sa destinée. Le génie de la race éclate là presque en entier. Qu'importe les revers momentanés, les chefs pusillanimes ou corrompus, les troubles, les séditions et la famine, la race poursuit sa lente évolution et arrive à la pleine hégémonie.

Referai-je après tant d'autres, le portrait de l'Annamite? Dirai-je sa petite taille, la gracilité de ses membres, la couleur bronzée de son teint? Parlerai-je du glabre de sa peau, de sa bouche ensanglantée de bétel, de la longueur de ses cheveux enroulés en forme de chignon derrière la tête, ou décrirai-je la forme étrange de son costume, dont le large pantalon bouffant, fermé de toutes parts, constitue le plus sûr ornement? Ce sont là des descriptions auxquelles s'attardent volontiers tous ceux qui écrivent sur l'Indo-Chine et qui sont aujourd'hui trop connues pour qu'il y ait le moindre intérêt à s'y arrêter plus longtemps.

Aussi bien, le peuple annamite présente des caractères autrement intéressants que ceux qui se dégagent des petits côtés extérieurs de son existence.

Il y a surtout sa vie intérieure qui témoigne des solides qualités de la race et où s'affirment, avec force, la pureté des mœurs et la noblesse des sentiments.

Pour le connaître et le comprendre il faut se pencher sur l'âme du peuple, interroger ses rites, faire parler ses lois et lire sur les tablettes, pieusement conservées dans ses temples, les pensées réconfortantes de ses philosophes et les postulats de sa loi morale, les plus beaux peut-être dont s'honore l'humanité. On sera alors frappé de la noblesse d'idées et de l'élévation morale qui se dégage, comme une odeur d'encens, de cette civilisation dont l'obscure origine grandit encore l'éclat.

C'est, en effet, dans l'organisation communale, dans le culte des ancêtres, dans le respect de la famille qu'il faut chercher la force mystérieuse d'une race qui a pu se perpétuer, fière et indépendante, à travers des siècles de servitude, de guerre et de troubles sans fin.

La vraie religion des Annamites, en dehors des superstitions auxquelles certaines classes se laissent facilement entraîner — et encore, sur ce point il faut faire la part de la légende — est la religion des ancêtres. Il n'est pas de maison, d'abri si pauvre qu'il soit, qui n'ait son autel des ancêtres, représenté par une table de bois assez élevée, supportant des brûle-parfums, des vases, des flambeaux et au-dessus de laquelle sont suspendues les tablettes des aïeux. Pauvres et riches apportent tout leur soin, toute leur attention, à l'entretien de cet autel, dont l'ornement, la décoration, le mobilier, varient suivant la qualité et le rang des familles. Le grand prêtre de ce culte, aussi vivace aujourd'hui qu'il y a dix siècles, est le chef de famille dont l'autorité s'exerce, avec la gravité d'un sacerdoce, sur tous les siens. Aux jours fixés soit par les lois écrites, soit par les traditions nationales, soit aussi par les usages locaux, le chef de famille officie devant l'autel et y fait des libations de vin et des offrandes de riz et de baguettes odoriférantes qui, lentement, se consument dans un éblouissement de lumière. Toute la famille se prosterne au moment où les mânes des aïeux sont supposées descendre dans la maison pour protéger leur descendance.

Ces cérémonies ont surtout lieu au jour anniversaire de la mort des différents ancêtres et à l'époque du jour de l'an ou têt.

Le culte ancestral est partout pratiqué avec la plus grande ferveur. Il est le pivot de toute la morale.

Les pratiques rituelles finies, ces cérémonies se traduisent par des grandes manifestations de joie, qui, surtout au moment du têt, se prolongent plusieurs jours durant. Toute la vie est alors suspendue, les magasins fermés, les maisons closes, tandis que dans les rues joyeusement les pétards crépitent et que les maisons de jeux sont envahies par une foule oisive et gaie qui vient tenter la chance.

Et par une conséquence de sa souveraineté sacerdotale, le chef de famille a, sur tous les siens, une autorité absolue et sans limite. Cette autorité, du reste, a rarement l'occasion de se manifester, car les enfants observent à l'égard des parents une obéissance et un respect qui ne se démentent jamais. Ce sont là des qualités inhérentes à la race même. Aussi a-t-on pu dire que chaque famille annamite était comme une petite église indépendante dont le père serait le prêtre et les enfants les fidèles.

Et ce qui se passe dans les familles est en raccourci l'image que présente, politiquement, le royaume. C'est, du haut en bas de l'échelle sociale, toute une série de petites églises superposées et indépendantes, ayant pour culte le respect et pour précepte l'obéissance. On ne saurait concevoir d'organisme plus simple, d'appareil plus facile. Il est comme le reflet même de la mentalité du peuple. Il est, en même temps, par sa souplesse même, le plus résistant que l'histoire ait enregistré.

Nos missionnaires ont longtemps cru — et peut-être croient-ils encore, bien que la conquête de l'âme soit passée chez beaucoup d'entre eux au second rang de leurs préoccupations — qu'ils parviendraient, sinon à détruire, du moins à compléter les systèmes religieux des peuples de l'Extrême-Orient. L'histoire de ces soixante dernières années démontre, surabondamment, que la propagande chrétienne est vouée d'avance à l'avortement. Et l'on en trouve une remarquable explication sous la plume d'un écrivain, cependant peu suspect à l'égard de la religion, M. Ferd. Brunetière.

Voici, en effet, les raisons que donne[1], de l'imperméabilité de la théologie chinoise — et ces raisons s'appliquent avec autant de force à la civilisation annamite — l'auteur de la *Faillite de la Science* :

« Je sais le zèle de nos missionnaires, et je n'aurais garde ici de vouloir décourager leur effort. Mais on peut bien dire que les progrès du christianisme en Chine sont étrangement lents et de nature à désespérer une religion qui n'aurait pas confiance, comme la nôtre, en son éternité. La raison en est que la religion de la Chine, autant ou plus qu'une *religion*, est une *sociologie*. La part de la métaphysique ou la spéculation y est nulle, et le caractère en est éminemment pratique. C'est même ce qui l'a fait longtemps considérer comme athée ; et, si l'expression de *religion athée* ne laissait pas d'être paradoxale et contradictoire, on ne se trompait pourtant pas sur le fond. La religion de la Chine semble consister tout entière en un corps de préceptes moraux dont l'objet n'est que de réaliser un idéal social. Mais comme cet idéal social est assez éloigné de celui que le christianisme propose à ses fidèles,

1. *La Religion comme sociologie*, par M. Ferdinand Brunetière (*Revue des Deux Mondes*. N° du 15 février 1903.)

il en résulte que le christianisme ne saurait faire en Chine de progrès qui ne tende à modifier la structure de la société; — et là même est l'explication de la résistance qu'il rencontre. Si jamais le christianisme triomphe des religions de la Chine, cela ne voudra donc pas dire qu'elles aient reconnu sa supériorité dogmatique ou métaphysique, mais la civilisation chinoise aura reconnu la supériorité des civilisations du type occidental. Ou en d'autres termes encore, ce n'est pas l'enseignement du chistianisme qui aura modifié la mentalité chinoise, mais c'est la mentalité chinoise préalablement modifiée, et transformée, qui sera devenue capable de l'enseignement du christianisme. Et en attendant s'il n'y est pas persécuté, cet enseignement y sera rendu vain par la résistance que lui opposera la forme même de la société. La preuve que toute religion est essentiellement une *sociologie,* c'est qu'aussi longtemps qu'une société n'est pas modifiée dans sa structure intime, on ne la verra pas changer de religion, et, quand elle changera, ce ne sera pas, à proprement parler, de *religion,* qu'elle aura changé, mais de manière d'entendre la nature, l'objet, et le but de la société. »

On ne saurait mieux dire. Mais l'éminent académicien n'a pas voulu tirer la conclusion logique qui se dégage de son savant raisonnement.

Or, cette conclusion, c'est l'inutilité — d'aucuns

diraient le danger – de la prédication et de l'apostolat chrétiens en Extrême-Orient. A moins que les bénéfices matériels ne doivent décidément primer les bénéfices spirituels, comme il est apparu si souvent.

CHAPITRE II

L'organisation du pays. — Une monarchie absolue régie par des institutions démocratiques. — Le Fils du Ciel et le conseil secret. — L'accès aux fonctions publiques. — Rôle et prépondérance des lettrés.

Quelle que soit la région, Tonkin ou Annam, l'éducation politique du peuple annamite a été partout la même, et le système du gouvernement a toujours été la monarchie absolue et héréditaire. Longtemps, les empereurs d'Annam ont eu sur leurs sujets les mêmes droits et la même puissance que le chef de famille sur toute sa parenté. Chef nominal de l'Empire, le roi, qui n'est plus maintenant roi que de nom, — délégue encore une partie de sa souveraineté à des fonctionnaires qui l'exercent, à leur tour, en toute plénitude, dans le ressort de leur circonscription, autrement dit, dans les communes. Mais où ce régime absolutiste se distingue de tous ceux connus jusqu'ici, c'est que ces fonctionnaires, ainsi investis d'une parcelle de l'autorité royale, sont choisis, pour la plupart, par voie de concours et consacrés par le succès même.

Et pour mieux représenter ce régime, peut-être unique dans l'histoire, on peut dire que le Gouvernement de l'Annam est une monarchie sans caste, avec une religion sans clergé, au milieu de fortes institutions démocratiques et une puissante centralisation communale. Nous allons reprendre ces éléments, un par un, et essayer de montrer combien était grande l'erreur, un instant partagée par le Gouvernement français, de vouloir toucher à un système politique si bien approprié au peuple et au pays dont il a longtemps fait la force et dont il fait encore la grandeur.

« Fils du Ciel », grand pontife, lettré des lettrés, infaillible dans ses actes, sacré dans sa vie, père et mère du peuple, l'Empereur d'Annam fut le type achevé de l'autocrate, et jusqu'à son nom, tout ce qui touchait à sa personne ou à sa vie doit être entouré de vénération et de crainte. Il est le dispensateur de tous les biens, l'envoyé qui peut seul, suivant les principes tracés par Confucius, faire cesser les calamités publiques et assurer le bonheur du peuple.

Si cette toute-puissance existe, en réalité elle ne

s'exerce jamais, car par une singularité qui ne se rencontre guère qu'ici, ce roi, qui dispose de tous les droits, voit son autorité presque entièrement annihilée par les institutions mêmes dont il est le gardien.

Il se trouve, en effet, auprès de l'Empereur, limitant son pouvoir, surveillant ses actes, pénétrant jusque dans l'intérieur de son palais, une autre puissance, plus redoutable encore, parce que plus absolue et plus directe, c'est le Co-Mât ou Conseil Secret. C'est le suprême conseil de l'Empire, quelque chose comme un conseil de régence à vie.

Choisis et nommés par l'Empereur, les ministres qui composent ce conseil, en vertu même de leur puissance, sont, à peine installés, tentés de s'élever au-dessus du roi, dont ils surveillent jalousement les actes. L'histoire prouve que le Co-Mât a presque toujours été en continuel conflit avec le souverain dont les décisions trouvaient auprès de ses ministres, des censeurs rigoureux et des juges sévères. Cette autorité, parfois étroite, ne s'est pas toujours exercée au plus grand profit de l'État et bien des difficultés, que l'Annam a rencontrées au début de notre conquête, ont eu pour origine la mauvaise foi du Co-Màt ou son aveugle entêtement. Et plusieurs exemples témoignent hautement que des monarques éclairés furent parfois les victimes de ministres, tout pénétrés de routine, adversaires des innovations ou jaloux de leur prépondérance [1].

On pourrait croire que rien ne vient gêner ces ministres dans l'exercice de leurs fonctions. Ce serait méconnaître le caractère propre de ces gouvernements asiatiques, dont la méfiance et le soupçon sont les principaux ressorts, et où il semble que le pouvoir royal veuille entourer ses principaux auxiliaires du plus grand nombre possible d'agents chargés de les surveiller, de tempérer leur action et de limiter leur autorité.

Chaque ministre est donc assisté d'un conseil qu'il doit consulter en toute chose et dont il doit prendre l'avis en toute occasion. Et ce qui achève de donner à ce régime le reflet fidèle de l'organisation familiale, c'est que chef suprême de son peuple, l'Empereur, doit écouter ses plaintes et entendre ses doléances. Tout individu a donc le droit d'en appeler à lui de tous les actes de son administration. Droit bien illusoire, c'est vrai, mais qui n'en donne pas moins au peuple une espérance et une consolation. Et il faut ne pas connaître les races asiatiques, pour ne pas com-

1. C'est, en effet, à l'instigation du Co-Mât que l'Empereur Hiêp-Hoa, successeur de Tu-Duc, fut empoisonné par la Cour de Hué quelques instants après avoir accordé une audience au représentant de la France à la Cour de Hué.

prendre tout ce que peuvent produire de pareils sentiments dans l'âme d'un peuple simple, naïf, docile et résigné comme l'est celui de l'Indo-Chine.

L'autorité royale, ai-je dit plus haut, est déléguée à des fonctionnaires mis à la tête des subdivisions administratives de l'Empire. Il y a d'abord les Gouverneurs (Tông-Dôc) qui administrent les provinces. Parfois plusieurs provinces sont réunies en une seule et placées sous la direction d'un Gouverneur Général. Chaque province est divisée en préfectures (Phus) et chaque préfecture en un certain nombre de sous-préfectures (Huyêns).

Le Tông-Dôc était et est un des principaux personnages du pays. Considéré, riche, il est le dépositaire de l'autorité royale, et jouit, surtout quand il est loin de la Cour, d'une indépendance à peu près entière. Autour de lui siègent : le Quand-Bô ou chef du Service Administratif, un chef du service judiciaire (Quan-An) et un chef de circonscription militaire (Lanh Binh). Tous ces fonctionnaires, placés sous les ordres du Tông-Dôc, sont les seuls représentants de l'autorité royale, choisis, nommés et investis par elle, non sans l'agrément préalable du Gouvernement français qui, seul, leur donne la consécration officielle. Ils sont pris exclusivement dans la classe des lettrés après avoir satisfait à des examens réguliers, et leur recrutement très spécial, en même temps qu'il ajoute encore à l'autorité dont ils sont revêtus, diminue considérablement la part faite au favoritisme, à l'intrigue ou à la corruption. Le concours est obligatoire pour l'accès à toutes les carrières administratives et les membres de la famille royale n'en sont eux-mêmes pas exempts. Mais les vrais fonctionnaires annamites, ceux qui ont un caractère propre, et une puissance réelle, — parce qu'elle est effective, — sont les administrateurs ou chefs élus des communes et des cantons.

De même que la famille, nous l'avons vu, est la pierre angulaire de l'organisation sociale, de même la commune est la base fondamentale de l'édifice politique : « C'est sur la commune que reposent tous les services administratifs, judiciaires, financiers et militaires du royaume : c'est elle qui établit le cadastre et qui préside à tous les actes de transmission de la propriété[1] ».

A vrai dire, il n'existe aucun texte de loi, aucune règlementation positive, autre que celle née des traditions[2] de la routine et de l'usage, déterminant soit l'étendue, soit l'existence, soit la vie même de la commune. Du jour au lendemain, une commune naît et disparaît. C'est le privilège des peuples simples. Supposez qu'une famille composée de cinq ou six personnes par exemple avise

1. De Lanessan, *L'Indo-Chine française*.
2. Ces traditions sont elles-mêmes très variables. Il y en a à peu près autant que de provinces.

un espace inhabité, un terrain en friche et veuille s'y établir pour fonder une commune. Il lui suffira d'en faire la demande au résident de la province. Celui-ci fera une enquête et si le terrain choisi n'appartient à personne, si nulle protestation ou opposition n'est formée contre la demande dont il est saisi, il autorisera la commune. Il se réservera seulement le droit d'en délimiter très exactement le territoire, afin de prévenir toute difficulté ou réclamation ultérieure. La commune est fondée. Les habitants s'accordent sur le nom à lui donner, et ce nom se rapporte soit à un cours d'eau avoisinant, soit à une particularité du terrain, soit à un souvenir ancestral. Il ne reste plus qu'à s'organiser administrativement. Comme les habitants avaient, — sans qu'il en ait encore le titre, — reconnu, du moins moralement, un chef parmi eux, c'est celui-là qu'ils éliront pour maire, puis ils délégueront quelques-uns d'entre eux, auprès de lui, en qualité de notables. Si plus tard la commune s'agrandit, se développe, l'embryon se développera par l'adjonction d'un plus grand nombre de notables.

En réalité, dans une commune organisée, les notables seuls choisissent le maire, qui est l'intermédiaire entre la commune et l'autorité. C'est par lui que l'administration passe quand elle a un ordre, un avis, une communication à faire à la commune; c'est celui à qui le résident s'adresse, et en même temps, c'est celui qu'il rendra responsable et qui sera seul admis à lui présenter des requêtes. Il réunit, dans ses attributions, la police et le fisc. Il répond et de la tranquillité de la commune et de la levée des impôts. D'accord avec les notables, dont — surtout dans les communes un peu importantes — deux ou même trois lui sont nommément adjoints, il administre les biens communaux, il exerce la justice, siège en conciliation et en première instance, assure l'observation des charges militaires, légalise les signatures, reçoit et enregistre tous actes de vente, achat, de cession, legs, donations, etc., entre particuliers. S'il n'est pas officier d'état civil, c'est qu'il n'existe encore ni tenue de registre ni recensement. Il n'en connaît pas moins tous les habitants, et rien de ce qui les intéresse ne lui échappe. C'est une fonction qui embrasse une infinité de services, de rouages, et qui exige certaines qualités et aptitudes chez celui qui en est investi. Le choix n'en est que plus difficile. Les notables prennent de préférence « un homme fin, insinuant, habile parleur, ingénieux à défendre ses administrés, à leur éviter des charges, à leur gagner des privilèges [1]. » C'est l'agent du conseil des notables, c'est l'avocat de la commune.

1. Luro, *Le Pays d'Annam*.

Les notables, à vrai dire, sont très étroitement associés à son œuvre et jouent, par conséquent, un rôle prépondérant. Tous les habitants d'une commune ne sont pas nécessairement des notables. Certaines qualités sont requises pour faire partie du corps, dont la première est d'être inscrit (Dia-Bô) au rôle, soit des impôts fonciers, soit de la contribution personnelle. S'il n'y a pas de paupérisme en Indo-Chine, il n'y a pas non plus beaucoup d'aisance et le nombre des contribuables est en général peu élevé. On peut donc dire que les inscrits ou notables ne représentent dans une commune qu'un contingent très faible de la population[1].

Comme le chiffre de l'impôt est réparti sur la commune, considérée comme une unité, et que ce chiffre, fixé d'avance, suivant le nombre des inscrits, ne peut varier, les inscrits ont un intérêt majeur à ne pas voir leur nombre diminuer. Le problème de la repopulation est tout de suite tranché. Dès qu'un inscrit meurt, on le remplace immédiatement sur la liste. Mais, direz-vous, si elle n'en trouve pas? Ce sera un fait sans précédent dans l'histoire et tellement extraordinaire que le cas n'a pas été

1. Faute de témoignages certains, on admet qu'il y a un inscrit par quinze habitants. On détermine donc la population d'une commune en multipliant, par quinze, le chiffre des inscrits.

prévu. Il est probable qu'on s'adresserait dans ce cas à la commune voisine qui disposerait d'un candidat à l'inscription. Les communes ont donc plutôt intérêt à attirer chez elles les habitants qu'à en voir diminuer le nombre. L'administration résidentielle prend, de son côté, des mesures très énergiques pour empêcher l'émigration des familles en dehors des provinces. Et le cas n'est pas rare d'une famille taxée d'une indemnité tellement forte pour le départ d'un des siens qu'elle préfère, tout entière, quitter le village. Malgré cela, n'est pas inscrit qui veut, ni même réputé simple habitant qui vient s'installer. Il faut en faire la demande au maire, dire d'où l'on vient, les raisons de changement de résidence, et enfin fournir des certificats de moralité.

On comprend maintenant l'importance politique et administrative de la commune annamite. Véritable corps constitué, la loi française en a fait un organisme régulier d'État en lui donnant la personnalité civile. Malgré son autonomie, elle est directement sous les ordres des autorités de province, mais ce qui achève d'en marquer son véritable caractère, c'est que l'État n'intervient dans ses affaires que dans la mesure d'une action gouvernementale, limitée aux intérêts généraux.

Elle est la meilleure auxiliaire de notre politique et la plus sûre garantie de notre action.

« Grâce à elle, nous avons en face de nous, non pas des millions d'hommes dont il faut considérer individuellement les besoins, les intérêts, les sentiments, mais quelques milliers de collectivités organisées, disciplinées, qui se présentent à nous en bloc et dont nous n'avons à connaître que le Conseil des notables. La petite république, autonome dans la limite des intérêts locaux, qui constitue la commune annamite, débarrasse l'administration de la plus grosse part des difficultés et des soins qu'elle aurait dans tout autre pays à la population nombreuse et active. Elle peut tout obtenir des habitants par entente avec les représentants des villages. C'est ainsi que les travaux d'intérêt public ont facilement la main-d'œuvre qui leur est nécessaire, si importante qu'elle soit. Les villages se font, à l'occasion, les tâcherons des agents des Travaux publics et même des entrepreneurs [1]. »

Au-dessus de la commune, se trouve le canton. C'est une des circonscriptions administratives les plus importantes de l'Indo-Chine et le chef de canton est l'un des personnages les plus considérables, dans l'ordre indigène. Il puise son autorité dans le principe électif dont il est l'émanation directe. Choisi par les délégués de tous les vil-

1. P. Doumer, *La Situation de l'Indo-Chine*, p. 90.

lages, il est le défenseur des libertés communales et des droits de l'individu, le trait d'union entre l'État et les communes, l'avocat de tous les intérêts et de toutes les causes où les intérêts particuliers et les besoins de chacun sont en jeu. Loin de représenter une unité administrative, le canton est une agglomération fictive, une association mutuelle de communes représentées, auprès de l'autorité résidentielle, par un interprète élu et investi de leur confiance. « Régler les affaires d'intérêt commun, provoquer le concours des cantons voisins pour les travaux d'intérêt général, renseigner l'administration sur les besoins des communes, prendre part à la répartition des impôts, appuyer les demandes de dégrèvement, concilier les procès que les autorités communales ont été inhabiles à terminer, défendre au besoin les particuliers ou les communes contre les administrateurs d'arrondissement en portant la cause devant le préfet ou les mandarins provinciaux, » telles sont les principales attributions des chefs de canton dont les besoins et les devoirs ne sont ni moins nombreux ni moins importants. Ils ont, entre autres, la mission d'assurer dans les communes l'exécution des ordres de l'administration, de veiller à l'entretien des voies de communication, de presser la rentrée des impôts au Trésor, de maintenir l'ordre public et la sécurité de la circulation, de faire arrêter et livrer à la justice les malfaiteurs que les municipalités sont impuissantes à arrêter, enfin de dénoncer les notables sur lesquels des plaintes leur seraient parvenues.

Tels sont, rapidement esquissés, les caractères essentiels de l'organisation administrative et du cadre social au milieu desquels s'est établie et lentement fortifiée l'autorité de la France.

CHAPITRE III

L'Annamite et la civilisation. — Goûts et aptitudes naturels. — L'ignorance est à peu près nulle grâce à l'extrême diffusion des écoles. — Grandeur et faiblesse de l'enseignement. — Bases rationnelles de l'organisation sociale et force morale de la race.

Simple dans sa forme, cette organisation antique — et antique ne veut pas dire vieilli — rayonne encore d'un éclat qui n'est pas sans grandeur.

L'indigène la respecte, lui obéit et l'aime. On a dit de lui que c'était un être passif et résigné. C'est bien mal traduire ses sentiments, faits d'attachement et de loyalisme. Et s'il se mêle encore chez lui quelque vague idée de crainte, n'est-elle pas après tout naturelle chez un peuple longtemps courbé sous la servitude et qui eut à subir, à côté des exactions des guerres civiles, des pillages des guerres étrangères, la concussion des mandarins et le despotisme des rois.

Docile et malléable, naturellement poli et respectueux, foncièrement honnête — car je ne puis croire que certains esprits jugent la race d'après le boy ou domestique qui les aura servis, je veux dire mal servis, pendant leur séjour en Indo-Chine[1], — l'Annamite est ouvert à la civilisation et est des plus aptes à la comprendre.

Il est peu de pays, même parmi les plus civilisés, où l'instruction soit plus en honneur qu'en Indo-Chine. Que manque-t-il pour qu'elle soit vraiment utile? Qu'elle ait une base plus scientifique et qu'elle tende à des résultats pratiques.

Il n'y a pas, je crois, un village annamite si pauvre qu'il soit, si éloigné qu'il se trouve, qui n'ait son école. Et si j'insiste sur ce point, c'est que là est à coup sûr la preuve de certaines dispositions naturelles à l'Annamite et peut-être la raison de sa rapide émancipation intellectuelle. Tandis qu'il y a encore vingt ans, nombreux étaient en France les gens incapables de lire et d'écrire, en Indo-Chine la proportion de ceux qui n'ont pas quelques notions élémentaires et courantes est extrêmement faible.

1. Le boy est, en général, l'habitant chassé d'un village qui fait les grandes villes ou grands centres pour servir l'Européen.

Une seule chose est à signaler et à regretter, c'est l'absence de toute base rationnelle dans l'éducation, de toute donnée scientifique, mais rien, d'autre part, n'est plus facilement réparable.

Cela tient à ce que, depuis des siècles, cette race est restée penchée sur les tablettes de Confucius et, qu'éblouie par les beautés des maximes qu'elle y lisait, elle n'a jamais regardé au delà.

Toute la science des plus grands lettrés a consisté jusqu'ici — sauf, il faut le reconnaître quelques exceptions dont le nombre a rapidement grossi — dans la connaissance très approfondie de l'histoire du pays, — histoire où la légende et la fiction tiennent plus de place que les faits et les événements — de la morale de Confucius, des rites, coutumes, lois, prescriptions administratives du pays, des règles de la bienséance ou de la conduite à tenir dans les relations sociales et dans quelques-unes des notions les plus indispensables à la vie journalière et à la gestion des affaires privées.

C'est le programme officiel. Depuis que notre influence, lentement, a pénétré les masses, une infiltration intellectuelle s'opère peu à peu et le cas n'est pas rare aujourd'hui de rencontrer des Annamites au courant des derniers progrès des sciences et des dernières applications industrielles de l'électricité. Mais c'est encore l'exception. Ce fait suffit cependant à établir que l'Annamite n'est pas de parti pris fermé aux lumières, rebelle au progrès, et momifié dans ses croyances. Au surplus, tout un mouvement s'opère depuis quelques années dans la race jaune, mouvement auquel participe l'Annamite et qui entraîne tous les peuples de l'Extrême-Orient, longtemps figés dans l'immobilité, dans un mouvement ascensionnel vers une civilisation appropriée à des besoins nouveaux, et aux nécessités sociales du moment.

Ainsi donc les Annamites sont, sous l'action de leur loi morale, plus cultivés que la plupart des peuples orientaux. L'école communale y est partout honorée. Elle est tenue par des maîtres libres, respectés et considérés en raison de leur sagesse, bien qu'ils n'aient pas toujours des titres universitaires. Mais ils connaissent, comme personne, l'art des civilités, et ils sont doués d'une patience qui jamais ne se lasse. Ils vivent des rétributions en numéraire ou en nature qui leur sont fournies, soit par les familles, soit par la commune qui contribue ainsi au développement et assure, en partie, la gratuité de l'éducation. La loi sur l'enseignement obligatoire est naturellement inconnue. Mais tandis qu'il a fallu chez nous des prescriptions sévères pour obtenir que tous les enfants suivent les cours communaux, aucune contrainte n'est exercée en Indo-Chine sur les parents, et cependant il est bien peu d'enfants qui ne fréquentent la classe.

En général, on a remarqué que les indigènes apprennent dans leur extrême jeunesse avec une très grande facilité. Plus tard, ils contractent des habitudes de paresse, et, faute d'une discipline suffisante, se laissent volontiers aller au jeu et à la dissipation. C'est donc la discipline qu'il faudrait organiser dans les écoles, soit en donnant plus d'autorité au maître, soit en attachant une sanction plus efficace à l'ensemble des notes recueillies par les élèves à la fin de l'année.

L'école communale est le premier degré de l'éducation. Pour peu que l'enfant ait prêté attention aux leçons du maître, il en sait assez pour remplir les fonctions de notable. Mais autre chose est s'il se destine aux fonctions publiques. Il est nécessaire, dans ce cas, qu'il se prépare au concours littéraire. Il s'adressera pour cela, soit à des professeurs libres, diplômés et titrés, soit au directeur des études (Giao-Tho) que chaque Phu entretient dans le ressort de sa circonscription. Plus dégrossis, les élèves commencent alors à subir les premiers examens (Khoa) du cycle qu'ils ont à parcourir. Reçus à ces examens, ils sont dispensés du service militaire ainsi que de la corvée. D'une enquête très approfondie à laquelle je me suis livré, il semble résulter que si l'on tient compte des divers facteurs qui doivent entrer en ligne de compte, la part réservée au favoritisme est beaucoup moins grande que l'on ne serait tenté de le croire tout d'abord. Il y a une garantie, c'est l'importance que les communes attachent à ces examens et les protestations énergiques qu'elles savent parfois faire entendre.

Ces examens se passent, au Tonkin, dans la ville de Nam-Dinh, ancienne capitale bien déchue de son ancienne splendeur, mais qui n'en conserve pas moins grand air encore avec ses larges rues, très propres, et ses trottoirs lavés à la chaux. Calme et rangée en temps ordinaire, Nam-Dinh, à l'époque des examens, est envahie par une foule qu'on évalue à 50.000 personnes et qui remplit les rues de son vacarme, de ses cris, de son continuel brouhaha.

Que devient l'élève reçu au Khoa? S'il est classé parmi les premiers et qu'il veuille pousser plus loin ses études, il est admis à l'école du Doc-Hoc ou inspecteur des études, établie dans chaque chef-lieu de province. Et, le même caractère démocratique que nous avons maintes fois relevé au cours de cette étude, s'observe encore ici dans la gratuité donnée par l'Etat, sous forme de bourses, aux enfants pauvres.

Les élèves des cours du Doc-Hoc sont, seuls, autorisés à se présenter au concours de licence qui a lieu tous les ans et qui est le concours définitif. Suivant le rang que l'on obtient dans ce concours, et aussi le nombre de diplômes que l'Etat fixe dans chaque catégorie, on est reçu licencié ou simplement bachelier. Ces derniers ont toujours la ressource d'affronter le concours l'année suivante pour gagner le grade supérieur, qui seul confère la faculté de prétendre aux fonctions de directeur d'études ou de préparer, à Hué, aux frais de l'Etat, le concours du doctorat.

Ce dernier concours est triennal. Mais il n'a lieu que sur un point de l'Empire, à Hué, où tous les licenciés se réunissent à un jour fixé. Cette épreuve est un véritable événement d'état et il n'est pas rare de voir le Roi s'y intéresser en choisissant lui-même un des sujets de composition [1].

Après l'examen, les candidats sont classés en trois séries : les meilleurs sont inscrits sur une tablette d'honneur (Chanh-Ban) et sont seuls admis à se présenter aux examens suprêmes, c'est-à-dire à ceux qui donnent accès aux grandes charges. Ces examens ont lieu au Palais même, sous l'œil du roi, qui en détermine la matière.

1. Dans le but de relever encore le niveau de ce concours, le Gouverneur Général a décidé de le compléter par un examen supplémentaire portant sur la langue française, et de n'attribuer désormais l'accès aux fonctions publiques, qu'aux gradés ayant satisfait à ces dernières épreuves.

La seconde série est inscrite sur une deuxième tablette (Pho-Ran), et c'est sur celle-ci que l'on choisira les préfets et sous-préfets au fur et à mesure des vacances.

Enfin la troisième série comprend ceux qui n'ont pas paru dignes d'être couchés sur les tablettes. Ils devront attendre qu'un autre concours les favorise mieux.

Certains auteurs attribuent à l'orgueil et à l'ambition de la race, le développement donné à l'instruction publique [1]. La raison est peut-être excessive, bien qu'on puisse regretter que tant d'efforts soient tournés exclusivement vers la culture intellectuelle [2] et si peu, au contraire, vers le commerce ou l'industrie. Rien ne dit cependant que, le jour où l'activité économique se manifestera positivement dans les pays d'Indo-Chine, l'indigène, qui ne voit en ce moment d'avenir et de certitude que dans le fonctionnarisme et l'administration, ne cherche pas à se frayer sa voie différemment qu'aujourd'hui.

En tout cas, un fait est certain, c'est que malgré l'extension des services d'enseignement, les dépenses qu'ils nécessitent sont très réduites. Les seuls maîtres payés sont les directeurs et les ins-

1. Ory, *La Commune annamite au Tonkin.*

2. Le nombre des candidats aux concours qui n'était que de 8.000 en 1886 s'est élevé à 12.948 en 1900.

pecteurs d'études. C'est la presque gratuité de l'éducation.

Telle est la situation sociale du peuple annamite, telle est son organisation politique. Ses institutions, lentement façonnées par le temps, dénotent à la fois la simplicité et la douceur des mœurs, une forte hiérarchie administrative que tempère le mode électif et que complète le respect des traditions. Superstitieux et craintif, orgueilleux sans jactance, brave sans témérité, docile sans faiblesse, le peuple annamite présente tous les caractères des races conquérantes longtemps tenues sous le joug. Opprimées pendant des siècles, les populations de l'Indo-Chine n'avaient connu du pouvoir que les excès, de la force que les brutalités et l'histoire enseignait que le jour où elles apprendraient à mieux connaître leurs vainqueurs elles sauraient, sans cesser de les craindre, les aimer, les respecter et les croire.

LIVRE II

DE L'INUTILITÉ DE MODIFIER SA STRUCTURE POLITIQUE

CHAPITRE PREMIER

Des phases diverses de la conquête et du caractère de notre domination. — De la nécessité d'établir le protectorat et d'en bien marquer les limites. — Utilisation et mise en œuvre.

Quel est, en effet, quel doit être surtout le caractère essentiel de notre conquête. L'histoire de notre intervention en Annam et au Tonkin est encore trop récente pour qu'il y ait lieu d'y revenir. Il n'en convient pas moins, pour bien marquer l'objectif poursuivi et le but à atteindre, de noter certains épisodes, de rappeler certains incidents qui expliquent et justifient les raisons de notre politique et portent avec eux leur enseignement.

Au point de vue des échanges et du commerce, l'influence française avait eu l'occasion de se manifester, à maintes reprises, au cours du seizième et dix-septième siècles dans les pays d'Extrême-Orient, grâce à la hardiesse de nos navigateurs et à l'habileté de nos nationaux.

Un moment, lorsque la politique coloniale, si lamentablement sacrifiée sous Louis XV et à peu près irrémédiablement condamnée en France, par suite de défaillances coupables, parut vouloir être reprise avec vigueur par les ministres de Louis XVI, c'est à l'Indo-Chine qu'ils songèrent. Ils voyaient la possibilité de fonder là une France d'Asie dont la possession devait, dans leur esprit, faire oublier la douloureuse perte de l'Inde. Et l'histoire impartiale déclare que l'annexion de cette colonie eût pu devenir le « dernier bienfait » de la royauté légitime, si les événements plus rapides que la pensée n'en eussent rendu la réalisation impossible. Jusqu'au milieu du siècle suivant, rien ne fut changé dans la situation de l'Empire d'Annam. Il fallut les cruautés et les provocations de l'empereur Ming Man pour nous décider à intervenir. D'abord aidée par les Espagnols, dont les missionnaires avaient eu également à souffrir, puis seule, la France inaugura cette politique de « gages » dont les principaux épisodes furent l'annexion de la Cochinchine, la possession de points importants, tant au point de vue commercial qu'au point de vue politique, au Tonkin et en

Annam, l'expédition de Francis Garnier et enfin le traité du 15 mars 1874.

Par cet acte, nous avions reconnu l'entière indépendance de l'Annam vis-à-vis des puissances étrangères et nous nous étions engagés à lui donner l'appui nécessaire pour maintenir l'ordre à l'intérieur et pour se défendre, au dehors, contre toute attaque. En retour, l'Annam s'était obligé à conformer sa politique extérieure à la nôtre. Mais les contractants n'avaient pas tardé à être en désaccord sur la portée de leurs engagements. L'Annam n'y voyait qu'un traité d'amitié et d'alliance éventuelle. La France estimait, au contraire, que ce traité constituait à son profit un protectorat, puisqu'il lui conférait à la fois la charge de défendre le royaume contre toute agression et le droit de diriger sa politique extérieure. Ces divergences s'aggravaient par le mauvais vouloir du roi Tu Duc, qui semblait prendre à tâche de pousser notre patience à bout. Peu à peu, aucune des obligations mises à la charge du gouvernement annamite n'était plus remplie. La situation même de nos agents était menacée. Les choses en étaient arrivées à ce point, dès 1881, qu'un acte de vigueur était devenu nécessaire de notre part, si nous ne voulions pas perdre le fruit de nos longs et patients efforts.

Telle est l'origine de la conquête du Tonkin et de notre installation définitive en Indo-Chine. C'est pour y défendre et y faire prévaloir le protectorat de la France que tant de millions et tant de vies humaines ont été dépensés pendant un espace de plus de dix ans. Car le problème était double et délicat tout à la fois : il fallait, tout en ménageant les susceptibilités de l'Europe, alors inquiète, imposer le nouveau régime non seulement au peuple annamite, mais à l'Empire chinois qui n'avait cessé de lever sur les successeurs de Gia-Long certains tributs de vassalité.

Dans la pensée de ceux qui détenaient alors le pouvoir en France, il ne s'agissait pas d'incorporation ou d'annexion, mais simplement de protectorat, et nous reviendrons plus loin sur le caractère essentiel de notre occupation pour bien marquer la portée de nos engagements et la situation respective de chacun.

Au surplus, ce point se dégage de lui-même à travers les péripéties de ce que l'on a, pendant si longtemps en France, appelé l'affaire du Tonkin, et que nous allons rapidement résumer.

Jusqu'à la mort du commandant Rivière, survenue à Hanoï au cours d'une sortie malheureuse, certain malaise trahissait l'incertitude de notre politique et les embarras intérieurs du cabinet

(19 mai 1883). La fin tragique du vaillant officier qui avait si glorieusement planté quelques mois auparavant le drapeau tricolore sur la vieille citadelle annamite provoqua un de ces mouvements d'opinion qui forcent les gouvernements à l'action et condamnent l'opposition au silence.

En dépit des menaces qui venaient de Pékin, où « de regrettables manœuvres » étaient venues traverser notre action [1], la France entrait dans la période d'action. Tandis que le Gouvernement nommait M. Harmand Commissaire général civil, il envoyait les renforts nécessaires au général Bouet pour prendre immédiatement l'offensive, et précisait à la Chambre, où l'expédition projetée trouvait d'ardents adversaires, la politique qu'il entendait suivre au Tonkin. Il faut bien le reconnaître, l'opinion publique, un instant résolue, était déjà incertaine. L'opposition ne cessait de harceler le ministre de ses traits et de provoquer dans le pays un état général d'énervement et d'inquiétude.

Regrettables manœuvres, division des esprits en France, campagne de l'opposition parlementaire, état de nos rapports avec l'Europe, attitude provocante de la Chine, c'était plus qu'il n'en eût fallu

1. *L'affaire du Tonkin. — Histoire diplomatique de l'établissement de notre protectorat sur l'Annam* (1882-1885), par un diplomate. (Hetzel et Cie, p. 47.)

pour paralyser un ministère, si un homme d'État, à qui l'histoire aujourd'hui a rendu pleine justice, Jules Ferry, ne s'était trouvé à sa tête, et courageusement n'eût pris les redoutables responsabilités, qui sont devenues pour lui depuis des titres à la reconnaissance du pays. Car la question ne se limitait pas à la simple conquête du Tonkin. Elle était plus générale et plus haute. Il s'agissait de savoir si oui ou non la France aurait une politique coloniale. La possession du marché du Tonkin et de l'Annam, facilitant par suite nos rapports commerciaux avec les 400 millions d'habitants que compte la Chine, l'ouverture de débouchés nouveaux et privilégiés, la mise en exploitation d'un pays riche, un point d'appui et de ravitaillement pour notre marine, un stimulant sérieux pour notre commerce et notre industrie, et d'autre part la possibilité de faire contre-poids à l'influence anglaise, de relever notre prestige en Extrême-Orient et d'affirmer que la République, désormais maîtresse de ses destinées, entendait maintenir le rang qui lui convient parmi les nations, tels étaient les motifs qui déterminèrent Jules Ferry et ses collègues à poursuivre vigoureusement en Indo-Chine l'action commencée, en dépit d'une opposition qui devait aller en s'accentuant tous les jours.

A-t-il bien fait? L'histoire a prononcé. Elle a rendu hommage au courage, à la perspicacité, à l'énergie de l'homme d'État, et elle a sans retour condamné l'opposition qui lui fut faite, d'autant plus sévèrement qu'elle n'était peut-être pas toujours inspirée par l'amour du pays.

Aussi bien l'attitude de la France lui était alors impérieusement commandée par les circonstances. Elle ne pouvait plus longtemps tolérer les vexations parties de Hué.

La cour d'Annam, malgré sa faiblesse et son impuissance, à l'instigation du Gouvernement Chinois, avait à notre égard une conduite telle, que sous peine de ruiner à tout jamais notre crédit en Extrême-Orient, nous ne pouvions y répondre que par un acte décisif. De là, la prise de Thuan-An, la marche sur Hué, l'entrée sensationnelle de M. Harmand dans le palais impérial et le traité du 23 août 1883, qui marqua la fin de la résistance.

Affolée, la cour de Hué s'était rendue à discrétion. Le régent Nguyen Van Thuong aurait alors signé tout ce qu'on aurait voulu, quitte à violer ensuite ses engagements ou à les nier sans scrupules. Car il comptait sur l'inévitable intervention de la Chine et c'est, en effet, à partir de ce moment que la cour de Pékin entre officiellement en scène. Jusqu'alors, elle s'était contentée d'intriguer et de brouiller les cartes. On prête, au surplus, au Régent, un mot trop significatif pour n'être pas vrai : « Les Français peuvent, s'ils le veulent, s'emparer du Tonkin ; s'ils en font la conquête, ils ne pourront pas le garder. »

La mort de Tu Duc, les intrigues du puissant Thuong, bientôt suivies d'une révolution de palais qui portait au trône Hiep Hoa au lieu de l'héritier légitime, enfin la destruction presque totale de l'armée annamite, créaient une situation exceptionnellement favorable. Mais il fallait se hâter, car on pouvait tout craindre d'un peuple désespéré, mais trop orgueilleux pour accepter sa défaite. Partisan déterminé de l'annexion, le Commissaire Général civil — dont on ne louera jamais assez les hautes qualités dont il fit preuve au cours de ces événements, et dont l'audace raisonnée brusqua une situation qui pouvait devenir inquiétante — avait imposé au Gouvernement annamite un traité tellement rigoureux, qu'il était si l'on peut dire, la négation même du principe du protectorat. C'était l'incorporation, fatale et à bref délai, de l'Empire d'Annam à la France.

Legs du passé, réserve pour l'avenir, l'Indo-Chine était à nous. Ce n'est pas ici le lieu de raconter les difficultés de toutes sortes que la France, alors, rencontra pour faire reconnaître par la Chine les faits accomplis et les trésors de diplomatie qu'il fallut chaque jour déployer pour arriver, en dépit des attaques déchaînées et de l'opposition aveugle d'une minorité, à imposer, sans déclaration de guerre, à la cour de Pékin, notre possession légale de l'Annam et du Tonkin [1].

La tâche fut d'autant plus difficile que, secrètement encouragée, soutenue, aidée par la Chine, la cour de Hué était loin d'avoir perdu tout espoir. Vaincue, elle restait frémissante ; exaspérée par les conditions qu'elle avait dû accepter en août 1883, elle paraissait décidée à en obtenir à tout prix la revision. Hiep Hoa avait été en effet empoisonné et remplacé par un enfant de quinze ans, Kien Phuc, neveu de Tu Duc. Le coup d'État était l'œuvre du régent Nguyen Van Thuong, qui espérait ainsi raffermir son autorité et secouer le joug de la France.

M. Tricou, dont la mission en Chine avait pris fin par la nomination d'un ministre plénipotentiaire, M. Patenôtre, rentrait alors en France. Il reçut l'ordre de s'arrêter à Hué pour y renforcer l'autorité du résident français, M. de Champeaux, et obtenir la soumission du nouveau Roi (décembre 1883).

Par la fermeté de son attitude, M. Tricou eut raison de toutes les résistances et de tous les mauvais vouloirs. Il fit mieux. En violation des

1. *Le Tonkin et la Mère Patrie.* (Préface de Jules Ferry.)

traditions les plus sacrées, il exigea d'être reçu par le roi entouré de toute sa cour et en présence de l'armée annamite sous les armes. Malgré certaines prédictions fâcheuses qui avaient circulé, aucun guet-apens n'avait été préparé. L'impression dans tout l'Empire fut considérable. Aux yeux de tous, mieux que toutes les victoires et que tous les traités, cette solennité rendait manifeste l'établissement de notre protectorat et la soumission de l'Annam.

Mais ainsi du reste que le plénipotentiaire français s'y était engagé, le gouvernement de la République, pénétré du caractère qu'il convenait de donner désormais à son installation en Annam, était, dès ce moment, résolu à modifier, dans le sens du protectorat véritable, les stipulations du traité de 1883, improvisé dans le feu de l'action, et dont le caractère provisoire apparaissait chaque jour davantage.

Ce fut l'œuvre du traité du 6 juin 1884 qui, écartant résolument toute idée de conquête ou d'annexion immédiate, formula la charte du protectorat de la France sur l'Annam.

Après l'expérience heureusement tentée en Tunisie, il semblait bien que le système du protectorat convenait le mieux pour établir notre influence en Annam, dans les conditions les plus économiques, pour développer les ressources du pays, pour y faciliter la colonisation et même pour en préparer l'assimilation.

Certes, rien n'empêchait la France de prononcer la déchéance de la dynastie des Nguyen et de prendre en mains l'administration de l'Annam. « Le Gouvernement de la République écarta cette éventualité. D'accord avec la majorité du parlement, il estima que la forme du protectorat — du protectorat non plus historique, mais effectif, réel, garanti — tout en assurant à la France l'essentiel de sa souveraineté sur les anciens États de Tu Duc, offrait des avantages considérables au point de vue de la simplicité, de l'économie et des facilités d'administration du pays. Le gouvernement direct de l'Annam aurait été malaisé, onéreux et sans profit. Le protectorat, bien compris, permet d'obtenir, avec moins de frais et de froissements, les résultats cherchés dans la création d'un vaste empire colonial : développement industriel et commercial, accroissement de richesse et de puissance, rayonnement civilisateur[1]. »

M. Harmand avait des idées personnelles diamétralement opposées. Sa grande connaissance du milieu annamite l'avait amené à penser qu'il valait mieux employer le système de la conquête franche, après le renversement de Hué, de la

1. Rapport de M. Eugène Tenot, au nom de la Commission de la Chambre des Députés chargée de l'examen du traité.

dynastie et de la cour. C'est dans cet état d'esprit qu'il se trouvait lorsqu'il dut élaborer, au milieu du mois d'août 1883, la convention destinée à régler les rapports de la France avec l'Annam. Pour répondre aux intentions du gouvernement, il avait inséré toutes les clauses compatibles avec l'institution du protectorat ; mais, entraîné, peut-être malgré lui, par ses idées personnelles, il y avait également ajouté certaines stipulations qui procédaient d'une politique toute différente. Notre protectorat y trouvait ses organes essentiels et les garanties nécessaires. Mais — et c'est là qu'était la faiblesse — l'Annam était placé dans une situation qui ne lui permettait plus de continuer sa vie propre.

Produit d'idées contradictoires et d'influences toutes momentanées, le traité de 1883 était à la fois un traité de protectorat et un traité de conquête. Il fallait qu'il fût l'un ou l'autre. En soumettant aux Chambres le nouveau traité que la République Française imposait à la cour d'Annam, Jules Ferry n'eut, pour en définir le caractère, qu'à prononcer ces simples mots : « Le traité du 6 juin 1884 est, dans toute l'acception du terme, un traité de protectorat. »

L'exercice du protectorat était désormais confié à un résident général, ayant droit d'audience privée et personnelle auprès du roi d'Annam. Cette stipulation avait une gravité exceptionnelle aux yeux des Annamites et consacrait la prépondérance du représentant français. En échange, on restituait à l'Annam les quatre provinces que M. Harmand avait distraites de l'Empire, pour les incorporer, soit au Tonkin, soit à la Cochinchine. Cette amputation, si elle avait été définitive, portait un tel coup à l'Annam, qu'elle l'aurait fatalement poussé au désespoir et à la révolte.

L'annexion du Than-Hoa surtout, berceau de la famille des Nguyen, était une blessure qui eût coalisé dans une commune pensée de rébellion les populations et la cour de Hué. De tels résultats allaient à l'encontre des intentions de la France qui n'avait en vue, en établissant le protectorat, que de laisser au pays protégé les moyens de continuer sa vie et de se développer [1].

Le traité du 6 juin 1884 continuant à être, en dépit des altérations et des atteintes que l'expérience et le temps y ont apportées, la grande loi organique de l'Indo-Chine, voyons quelles en

1. L'exposé des motifs présenté aux Chambres, le 12 juillet 1884, par Jules Ferry, précise sur ce point toute la pensée du Gouvernement :

« Pour le succès même de l'œuvre entreprise en Indo-Chine, il faut que l'Annam ne soit pas une pure fiction et que cette partie de l'Empire continue à former un état subordonné, mais distinct, capable de trouver sur son territoire des ressources qui lui permettent de vivre sans lui créer d'embarras et de s'administrer sous notre haute direction. »

furent les données générales et l'esprit dont il était animé.

Les deux grandes divisions territoriales, l'Annam et le Tonkin, sont directement placées sous le protectorat français, mais la nature et le mode d'exercice de notre autorité ne sont pas les mêmes pour les deux régions. Les raisons de cette différence sont multiples.

Établis depuis de longues années au Tonkin, nous y avions lentement fait prévaloir notre influence et les directions venues de Hué ne s'y faisaient presque plus sentir. La part donnée à l'élément français dans l'administration pouvait par suite être plus grande qu'en Annam. C'est ce qui se dégage très nettement du traité, qui prévoit un contrôle incessant de l'administration intérieure du Tonkin par les représentants de la France.

Dans l'Annam, au contraire, resté plus attaché aux vieilles traditions, subissant l'action immédiate de la cour et des hauts mandarins, il était préférable de laisser les fonctionnaires annamites exercer librement leurs fonctions, ou plutôt leur donner cette illusion qu'ils l'exerçaient librement. On évitait de la sorte des froissements, des vexations inutiles et partant dangereuses.

Malgré tous les tempéraments qui étaient apportés à l'exercice de notre protectorat, malgré toutes les précautions que la France avait prises pour ménager toutes les susceptibilités et ne rien imposer de blessant au caractère annamite, le traité, cependant très libéral de 1884, n'alla pas, tout au début, sans soulever de grandes difficultés. Presque partout les mandarins adoptaient une attitude hostile. Ils protestaient contre la plupart de nos actes, ils encourageaient sous main les rébellions ; ils faisaient élever de toutes parts des fortifications destinées à fournir contre nous un point d'appui à une résistance éventuelle. Cette situation s'aggrava après le guet-apens de Bac-Lé, où l'on put croire, à la cour de Hué, que la reprise des hostilités contre la Chine allait absorber toute l'attention de la France. La mort mystérieuse du roi Kien-Phuoc et la proclamation de son successeur, en dehors et sans l'assentiment du Gouvernement Français, nous déterminèrent à l'action. Le 12 août, le colonel Guerrier, chef d'état-major de notre corps expéditionnaire, arrivait à Hué avec un bataillon et une batterie d'artillerie. Sommée de remplir les stipulations du traité de 1884, et de procéder dans les formes prévues par celui-ci à l'élévation du nouveau roi, la cour de Hué, après un simulacre de résistance, se rendait à discrétion, et dans une audience solennelle, le résident général et le colonel Guerrier donnaient, au nom de la France, l'investiture au nouveau souverain.

Tous ces incidents avaient fait ressortir avec force la nécessité, en même temps que l'urgence, d'organiser l'administration du protectorat et de consolider, surtout en Annam, l'action des représentants de la France. Au lendemain du traité de 1884, on avait installé à Hué un résident avec une escorte militaire[1]. Malheureusement, par une conséquence presque forcée de l'état de guerre, on avait décidé que cet agent relèverait du chef du corps expéditionnaire, ce qui lui enlevait du même coup et son indépendance, et son autorité. Les régents prenaient à tâche d'agir en dehors de son contrôle et ne manquaient aucune occasion de l'humilier en recourant, sous les prétextes les plus futiles, au commandant militaire.

Il y avait dans cette situation des éléments de trouble qui n'eussent pas été, s'ils se fussent prolongés, sans nous causer de très sérieux embarras. Le Gouvernement le comprit, et agit avec d'autant plus de rapidité qu'il n'ignorait rien des velléités d'indépendance qui commençaient à se faire jour en Annam.

Le général Brière-de-l'Isle ayant été désigné le 30 août 1884 pour succéder au général Millot, arrivé au terme de son commandement, il fut décidé qu'un résident général serait également

1. C'était le colonel Rheinart.

nommé à Hué, et le nouveau chef du corps expéditionnaire fut invité à remettre au représentant civil tous les pouvoirs politiques et administratifs exercés jusqu'alors par l'autorité militaire.

Il n'est pas sans intérêt de relire aujourd'hui les instructions que Jules Ferry remettait au nouveau résident général [1], sur le point de rejoindre son poste.

C'est l'exposé le plus net et le plus complet qui ait été fait du régime du protectorat, en même temps que des droits et des conséquences qui en découlent.

« Nous avons entendu que le royaume annamite conservât assez d'étendue et assez d'indépendance pour avoir son existence propre, et nous avons voulu limiter notre rôle à celui de surveillants et de contrôleurs, sans nous ingérer directement dans l'administration du pays. Vous devez donc, tout en exerçant pleine et entière l'autorité qui vous a été confiée par le traité, ne rien faire qui risquerait de trop affaiblir le gouvernement annamite, et de nous obliger, par suite, à une intervention plus profonde dans les rouages de l'administration locale. Vous chercherez, autant que possible, à vous servir des forces établies et à en diriger l'action pour le plus utile fonctionne-

1. C'était M. Lemaire, précédemment Consul Général à Shang-Haï.

ment de la vie sociale du pays, sans chercher à y substituer, prématurément, des organes nouveaux et des systèmes empruntés à notre civilisation et à nos mœurs. Le contrôle incessant que vous exercerez par des procédés différents au Tonkin et dans l'Annam proprement dit, vous permettra de signaler à la cour de Hué les abus dont vous serez averti et les réformes à entreprendre. C'est sur elle directement que devra s'exercer votre influence pour déterminer l'envoi aux autorités indigènes d'instructions, qui seront d'autant plus fidèlement observées qu'elles sembleront émaner de l'initiative propre du gouvernement annamite. Mais, dans l'exercice des droits qui vous appartiennent comme représentant de la puissance protectrice, vous ne souffrirez de la cour de Hué aucune tentative pour s'affranchir de votre autorité et de votre surveillance ».

Et dans une lettre, d'un caractère moins officiel, qu'un collaborateur du Président du Conseil adressait au Résident Général, la pensée du Gouvernement était encore mieux précisée et rendue : « Pénétrez-vous bien de cette idée, y disait-on à M. Lemaire, qu'il ne s'agit ni d'annexer ni d'assimiler. Il faut vous servir de la cour de Hué, la tenir à la gorge et l'amener à faire marcher les mandarins dans notre sens. C'est ainsi que les Anglais procèdent dans l'Inde. C'est ce que M. Cambon fait avec succès en Tunisie. De plus, il convient de distinguer le Tonkin, où votre action s'exercera directement sur l'administration, de l'Annam proprement dit, où la cour doit rester maîtresse de l'administration. Le traité est formel à cet égard et doit rester votre code... ».

Ni annexer, ni assimiler, telle est, en effet, la formule qui doit convenir au rôle que la France doit jouer en Indo-Chine. Y est-on toujours resté fidèle? Depuis 1884, des changements nombreux ont eu lieu, tant dans l'organisation même des pays protégés, que dans la forme sous laquelle s'est exercée notre action. Il y a eu tout d'abord, après le traité de paix avec la Chine, la lente pacification du Tonkin, infesté par des bandes de Pavillons Noirs et en partie livré à la piraterie. Effort difficile qui n'a pas été sans longue effusion de sang, œuvre délicate souvent contrariée par des vues différentes ou des conceptions opposées. Et dans la direction même de notre administration, que de changements parfois, que de contradictions même, toujours dictés (loin de moi la pensée de méconnaître l'importance très grande de l'œuvre et la part qui en revient à tous ceux qui participèrent à son achèvement) par le haut souci de la grandeur de la France et la nécessaire récompense de ses longs et glorieux efforts, mais fatalement condamnés à retarder, à stériliser, à énerver la pensée directrice, comme à éloigner le but assigné à notre effort.

Mais, tandis qu'à Paris les idées pacifiques prévalaient et s'affirmaient, un besoin de conquête se manifestait chez ceux-là même qui, en Indo-Chine, étaient chargés d'en assurer l'application.

Je ne rappellerai pas l'échauffourée de Hué, du 5 juillet 1885, suivie de la fuite du roi Ham Nghi et du régent Thuyet, et qui fut le signal d'un massacre général des chrétiens dans presque tout l'Annam. En quelques semaines, tout le royaume fut en pleine insurrection. C'est le moment que choisit le général de Courcy pour « proclamer la déchéance de la dynastie et l'annexion pure et simple de l'Annam[1]. »

Presque au même instant, des soulèvements éclatent au Tonkin et prennent rapidement des proportions menaçantes. Effrayé, le général de Courcy parle d'évacuation pour borner nos efforts à la conquête de l'Annam. A la réflexion, on revint heureusement à une plus saine appréciation des événements et l'on sut très habilement se servir de l'autorité du régent Thuong qui, soit par jalousie à l'égard de Thuyet, soit par intérêt

1. Dépêche du 8 juillet 1885.

personnel, s'offrit alors à travailler à la pacification de l'Annam.

C'est alors que le général de Courcy songea à ajouter au traité de 1884 une convention, qu'auraient signée Thuong et les autres ministres restants à Hué, étendant les mêmes conditions de protectorat à l'Annam et au Tonkin, créant une armée annamite, avec des cadres exclusivement français, payée et entretenue par le pays, respectant les administrations annamites, mais les plaçant sous le contrôle et la direction de la France. C'était le triomphe assuré des idées du protectorat, une réédition du système qui avait été introduit en Tunisie et qui était d'autant plus facilement applicable en Annam qu'il n'y avait pas d'étrangers, ni de régimes spéciaux à sauvegarder.

A Paris, mal renseigné, on prit ce projet pour une reculade et on y répondit par une série de propositions qui allaient rendre plus incohérente encore cette politique hybride, faite de protectorat et d'annexion, dont l'insurrection de Hué était le plus clair résultat. On n'en finirait pas si l'on voulait énumérer toutes les erreurs qui furent alors commises. C'est ainsi qu'on songeait à enlever à l'Annam ses provinces du Sud pour les annexer à la Cochinchine, et ses provinces du Nord pour les soumettre. Comment s'étonner que l'Annam et le Tonkin, à la voix des mandarins et des chefs annamites, aient manifesté leur mécontentement par des levées incessantes de bandes insurrectionnelles? Comment s'étonner que dans l'incertitude de leur sort, les populations aient si longtemps écouté, avec tant de docilité, les excitations à la révolte, aient plus ou moins pactisé avec les rebelles et aient apporté tant d'entraves à la pacification et au retour de l'ordre.

Après toutes ces fluctuations, tous ces avortements, après avoir passé de l'un à l'autre régime, on paraît être définitivement revenu, aujourd'hui et depuis plusieurs années, aux vues que marquait avec tant d'éloquence et d'élévation Jules Ferry du haut de la tribune française, c'est-à-dire au régime loyal et sincère du protectorat. On a fait plus. A la faveur de la réorganisation du système financier de l'Indo-Chine, et de l'établissement du budget général, qui ont si heureusement permis à l'Indo-Chine d'entrer résolument dans la voie de la mise en valeur et de l'utilisation de ses richesses économiques, « il parut possible de faire un pas décisif dans l'organisation du protectorat français[1]. » Le régime fiscal, primitif et quelque peu barbare que le gouvernement royal avait laissé subsister, devait fournir des recettes considérablement accrues par le fait seul de l'introduction

1. Voir *Situation de l'Indo-Chine*, par M. Paul Doumer, page 10 et suivantes.

des méthodes de comptabilité française et la perception régulière des impôts faite par les soins de notre administration.

« Le Roi d'Annam et son Conseil se rendirent aux raisons qui leur furent données d'adopter cette importante réforme. A partir du 1er janvier 1899, — au lieu que les recettes des contributions directes et de quelques taxes spéciales fussent perçues par la cour d'Annam, qui avait ensuite à pourvoir aux dotations du roi et de sa famille, ainsi qu'aux dépenses de l'administration indigène, — les impôts directs furent perçus par les résidents français et la comptabilité générale de l'Annam est depuis lors tenue à la résidence supérieure. Le roi reçut annuellement une somme, à forfait, égale à celle dont il disposait déjà, pour être affectée à l'entretien de la Cour et des fonctionnaires indigènes qui dépendent directement d'elle[1]. »

Le Roi, près d'atteindre sa vingtième année, fut déclaré majeur. Le Conseil de régence, où ne siégeaient que les représentants du parti rétrograde, vieux mandarins, figés dans les traditions et les préjugés, ennemis de toute innovation, et dont la force d'inertie constituait toute la politique, se trouva de ce fait inutile et fut supprimé. Le Comat fut réorganisé sur de nouvelles bases,

1. Paul Doumer, *loc. cit.*, page 14.

le nombre de ses membres fut porté de quatre à six, choisis uniquement parmi les ministres. Les décisions devaient en être appliquées par les soins des ministres compétents, qui en assuraient l'exécution sous leur responsabilité. Au résident supérieur, représentant direct de la France auprès de la Cour de Hué, était dévolue la présidence du Comat, ainsi que celle du Conseil de la famille royale.

Depuis, toutes les questions importantes sont soumises au Comat. Discutées en séance, elles sont ensuite présentées au roi. Mais les ordonnances prises par le roi ne deviennent exécutoires qu'après approbation du représentant du protectorat. Tel fut le régime institué par l'ordonnance royale du 27 septembre 1897. L'autorité du roi d'Annam, son prestige, étaient sauvegardés. Toutes les réformes faites, l'étaient au nom du roi et par lui. De la sorte, il y eut collaboration étroite, sincère et loyale, des représentants de la France et des chefs indigènes dans l'application des mesures prises. Il n'y eut ni récrimination, ni plainte. Tout se fit sans bruit. Avec une facilité peut-être unique dans l'histoire du peuple, la transmission du pouvoir s'opéra, le nouveau souverain fut reconnu et le Conseil de régence, dépossédé, disparut comme une ombre. Sa chute ne surprit personne. Son impopularité l'avait depuis longtemps condamné.

CHAPITRE II

Du rôle qui échoit à la France. — L'autorité morale doit être le fondement essentiel de notre politique coloniale. — Pénétration réciproque des éléments européens et indigènes et profit qu'en retirera l'Indo-Chine.

Depuis cette époque, le régime du protectorat n'a fait que s'affirmer. Et cependant, malgré un continuel contact, la pénétration est loin d'être faite. En présence des incertitudes, des contradictions qui ont apparu si longtemps dans notre mode d'administration, la séparation s'est maintenue, la distance s'est conservée presque aussi absolue qu'au premier jour.

Je connais la théorie qui consiste à regarder l'Annamite, à l'exemple du noir soudanais, comme un être inférieur, incapable de s'élever à notre niveau et qui doit, par suite, être maintenu dans un état de dépendance complet. C'est aussi la théorie de la conquête brutale, de l'assimilation quand même, de l'absorption à tout prix. Elle est à la fois fausse et dangereuse. Fausse, car elle s'appuie sur des données ethnographiques que la science, aussi bien que l'expérience, ont condamnées et réduites à néant ; dangereuse parce qu'elle ne conduirait à rien moins qu'à exaspérer une race, à la pousser à la révolte ou à la réduire à l'état d'ilotes. L'histoire enseigne ce que sont devenues les colonies qui ont été traitées avec ce mépris et cette méconnaissance égoïste du droit humain ; plus près de nous, elle montre, au contraire, à quel point de civilisation et de prospérité se sont élevées celles qui, au contact d'un peuple généreux et fort, ont été pénétrées des rayons de la science et des lois éternelles du progrès.

Au surplus, la suppression du protectorat ne saurait avoir pour l'Indo-Chine tout entière que les conséquences les plus fâcheuses. L'administration directe, par les frais nouveaux qu'elle nécessiterait, risquerait de mettre en péril les finances mêmes de la colonie. Ce n'est pas impunément, en effet, qu'on peut grever de plusieurs millions un budget dont l'équilibre exige un strict minimum de dépenses.

Il est d'autres inconvénients qui, tout en apparaissant peut-être moins clairement, n'en sont pas moins à redouter. Nous avons affaire — et on ne saurait trop le répéter — à une race intelligente, admirablement douée, fière dans son loyalisme, patiente dans l'effort, sérieusement adonnée au travail, orgueilleuse de son antique origine et de sa longue histoire, devenue ambitieuse par une lente conception de ses besoins, et qui semble arrivée au degré extrême de la civilisation propre à son génie. Si nous ne savons appeler à nous et faire servir à notre cause les activités industrielles, n'est-il pas à craindre, qu'en raison même du caractère national, elles ne cherchent soit à s'émousser, soit à se produire ailleurs et contre nous. Nous avons peut-être trop montré notre tendance à abaisser ou à diriger les classes dirigeantes, en un besoin d'égalité, si justement cher à notre démocratie. Il semble que ce nivellement social ne soit, tout au moins, prématuré en Indo-Chine. Là, comme partout, car c'est une vérité qui éclate sous toutes les latitudes, les classes privilégiées sont profondément conservatrices. Quels que soient leurs sentiments à notre égard, qu'ils soient faits de haine, de respect ou d'amour, avant tout, elles connaissent et redoutent notre force, elles apprécient — parce qu'elles en profitent — l'ordre et la tranquillité qui ont été pour ce pays, si longtemps troublé, la conséquence de notre présence et qui disparaîtraient, immanquablement, avec notre départ. C'est ainsi que leurs intérêts les lient à nous par une sorte de pacte tacite, et en font comme les alliés de notre influence, les garants de notre mission et les soutiens de nos droits.

Nous appuyer sur eux devient donc, en retour pour nous, un principe nécessaire de gouvernement. Cette ligne de conduite a aidé puissamment à la pacification du Tonkin montagneux, véritable nid de pirates. Elle nous a valu, en particulier, en Tunisie, des succès que nous n'avons pas connus ailleurs. Il semble, d'autre part, que le protectorat soit la méthode de colonisation qui convienne le mieux à notre tempérament national, car elle laisse davantage aux vaincus, elle leur permet de vivre selon leur génie, à l'abri de notre protection efficace ; elle sauvegarde leur dignité et leur fait sentir, moins directement, les inconvénients de la conquête.

Quels que soient donc les progrès qu'a pu faire, grâce à la pacification, l'administration française, quel que soit l'effacement, de plus en plus grand, et de la Cour de Hué et de l'administration annamite, il faut maintenir le protectorat et le maintenir franchement, nettement et résolument. Il faut aussi que ce protectorat facilite la pénétration des deux races qui se sont maintenant superposées, qui vivent côte à côte, et qui doivent nécessairement travailler à une même œuvre, à une même tâche. Il importe d'intéresser l'Annamite à nos efforts, de s'attacher sa collaboration, non plus passive et expectante, mais active et décidée, de provoquer son initiative, d'éveiller son activité et de le faire participer, en une forte proportion de son travail et de son action, aux profits qui résulteront de la mise en valeur et de l'utilisation des richesses économiques. Ne commettons pas la lourde faute de laisser l'indigène en dehors du mouvement qui entraîne la colonie, et gardons-nous de le rebuter ou de l'intimider par une dédaigneuse méconnaissance du rôle qu'il y peut et qu'il doit y jouer. L'indigène est tout disposé à venir à nous, il a confiance, il est prêt à nous seconder et à nous aider. Sans compter que, franche et loyale, son action peut nous être d'une utilité considérable dans un pays où nous ignorons encore tant de choses. Favoriser les rapprochements entre l'indigène et nous, pénétrer plus complètement qu'on ne l'a fait jusqu'ici son caractère et sa mentalité, accueillir et susciter les initiatives et les bonnes volontés de ceux d'entre eux qui, plus affinés, ont déjà compris tout le profit dont la race était appelée à bénéficier au contact de la civilisation française, telle est actuellement la conduite qui s'impose en Indo-Chine. C'est en donnant aux indigènes plus de bien-être et une entière sécurité pour leurs personnes et leurs biens, c'est en respectant et en faisant partout respecter leurs coutumes et leurs mœurs, c'est en tenant la main à ce que, à tous les degrés, l'administration soit probe, juste, éclairée, en même temps que large et tolérante — toutes qualités que l'indigène sait apprécier — c'est aussi en se gardant de toute mesure ou de toute parole qui froissent leurs sentiments patriotiques ou religieux, que s'achèvera la conquête morale d'une colonie, admirablement dotée par la nature, qui constituera une force et une ressource pour l'avenir, et que l'on pourra faire des Annamites des sujets fidèles de la France.

LIVRE III

DES RAISONS ET DE LA NÉCESSITÉ DE DÉVELOPPER SES RICHESSES ÉCONOMIQUES

CHAPITRE PREMIER

Le problème agricole. — Pourquoi le riz sera encore pendant longtemps la principale culture de l'Indo-Chine. — Dans quel sens devons-nous diriger notre effort ? — Peut-on espérer amener l'Annamite à varier ses cultures. — Avenir du coton, de la canne à sucre, du tabac, etc. — L'Annam et ses cultures. — Les arbres à huile.

Quand on aborde l'étude du développement économique et des richesses naturelles de l'Indo-Chine, une question vient immédiatement à l'esprit. Pourquoi, jusqu'ici, les indigènes n'ont-ils pas songé — il est, j'en conviens, des exceptions qui ne font, du reste, comme toujours, que confirmer la règle — à d'autres cultures que celle du riz et peut-on espérer qu'ils modifieront un jour leur mode unique, d'exploitation ? Cette question pose tout le problème agricole de l'Indo-Chine.

La nourriture presque exclusive du peuple annamite, sa grande, son unique, sa constante préoccupation, doit être de n'en point manquer. C'est donc le riz qu'il cultivera de préférence à tout autre produit. D'autre part, la culture en est séculaire ; elle s'est transmise, à peu près intacte, de génération en génération. Grâce à la composition chimique du sol, aux alternances régulières du climat et aux éléments nutritifs de l'eau de pluie qui, périodiquement, tombe, elle n'exige ni préparation spéciale, ni effort soutenu, ni connaissances particulières. Tout nhà-quê peut préparer, semer et récolter son riz.

L'Annamite est, au surplus, d'une insouciance absolue. Il n'a aucune notion d'épargne. Il est un peu comme la cigale de la fable. L'idée ne lui viendra jamais de songer à la saison nouvelle. Encore moins escomptera-t-il les bénéfices que pourrait lui procurer un produit assuré de plus grands profits que le riz. Mais s'il ne pense pas au lendemain, il est une chose qu'il ne négligera jamais, c'est sa nourriture de chaque jour. C'est pour elle seule qu'il travaille, qu'il repique son riz et qu'il bèche son casier, après l'avoir, au préalable, longuement inondé.

Et quelque mirage que vous lui présentiez, il ne perdra pas de vue tous les aléas que présentent les cultures actuellement préconisées en Indo-Chine et dont on lui vante — peut-être avec excès — les avantages, les profits certains, telles, par exemple, que le coton ou le tabac. Un instant séduit, son insouciance et sa légèreté ne l'empêcheront pas cependant d'envisager tous les dangers qu'offrent ces cultures tant prônées. Et si de sa rizière, il en fait demain un champ de coton, qu'arrivera-t-il en cas de mauvais temps ? Que deviendra-t-il si quelque catastrophe atmosphérique vient à détruire sa récolte? Non seulement toutes ses espérances seront détruites, mais — et c'est ce qu'il retiendra davantage — ayant sacrifié le certain pour le probable, c'est-à-dire sa rizière, il sera exposé à manquer de riz et, par suite, à mourir de faim. Voilà ce qu'il ne manquera pas de se dire, et il ajoutera que s'il s'était contenté de cultiver tranquillement son riz, comme par le passé, quel qu'eût été le fléau dont sa terre eût eu à souffrir, et quels qu'eussent été les dégâts commis, il eût toujours sauvé de sa récolte ce qui était nécessaire à sa subsistance et à celle des siens.

D'autre part, l'indigène ne peut pas attendre. Pourquoi? Parce qu'il faut qu'il mange et que, ne se nourrissant que de riz, la terre seule, ou plutôt sa rizière, le nourrit. Il ne peut cultiver qu'un produit qui lui rapporte dès la première année. Il lui faut des rendements immédiats. Pourquoi ? Parce qu'il n'a pas de crédit. Où emprunterait-il? A son voisin? Mais celui-ci est aussi pauvre que lui. A la commune ? Mais elle a plus de charges parfois que ses ressources ne lui en permettent. Si encore il existait un crédit agricole, ou une banque qui lui fasse des avances! Mais rien de tout cela n'existe encore ni n'est près d'exister. Il ne peut s'adresser qu'à lui-même, recourir qu'à ses propres ressources. La terre est son unique banquier. Si elle ne lui donne rien, c'est la faim, c'est la misère, c'est la mort.

Aussi comprend-on qu'il soit si profondément attaché à sa rizière qui, non seulement chaque année, mais quelquefois même deux fois l'an, lui fournit de quoi subvenir à son existence et le met à l'abri du besoin. Que lui importe que dans deux ans, trois ans peut-être, grâce à son incessant labeur, à son obstiné courage, sa terre lui réserve de plus gros profits, s'il est exposé à n'avoir pas de quoi vivre pendant qu'il lui faudra ainsi attendre.

Et voilà pourquoi il se montre si rebelle à toute innovation, voilà pourquoi il est si étroitement, si jalousement attaché à sa rizière qui est sa grande nourricière, qui fait partie intégrante de la famille, dont il a éprouvé la fidélité et sur laquelle, quoi qu'il arrive, il sait qu'il pourra compter.

Le mode d'exploitation est intimement lié, chez l'Annamite, à sa mentalité. Et je n'ai pas parlé de toutes les superstitions, préjugés, prophéties, qui sont comme autant de motifs déterminants de son inertie, de sa routine et de sa fidélité aux traditions.

Il faut avoir vu l'Annamite, le corps à demi plongé dans l'eau, aidé du buffle massif qui est en Indo-Chine son compagnon de misère et de foyer, se livrer, avec une patience que rien ne lasse, aux durs travaux de repiquage ou au pénible effort du labour. Il faut l'avoir vu, sous les rayons brûlants du soleil ou sous la pluie diluvienne, rester des heures entières, courbé sur son casier, préparer la moisson future. Il faut avoir vu sa sobriété, son endurance, son opiniâtreté pour comprendre son profond attachement au passé et la force puissante de l'atavisme.

Le jour où l'on arrivera à obtenir de l'Annamite qu'il cultive un produit différent de celui auquel il est habitué, on aura résolu le problème agricole, tel qu'il se présente à cette heure. Il y aurait une façon, ai-je lu quelque part, d'avoir raison de ses craintes ou de son inertie : ce serait de lui assurer à l'avance sa provision de riz. Il n'est pas douteux que si l'on garantissait à l'indigène qui, par exemple, se livrerait à la culture soit du coton, soit du tabac, qu'en cas de perte de sa récolte, l'Etat lui donnerait ce qu'il eût récolté de riz, on n'arrivât à déterminer un courant favorable à l'extension des cultures. Mais, il ne faut pas se le dissimuler, — outre que la charge qu'assumerait ainsi l'Etat serait singulièrement onéreuse, — un pareil changement dans les mœurs d'un peuple demandera du temps. Ce n'est pas du jour au lendemain que l'on peut ainsi modifier un genre de vie qui cadre si bien avec la cérébralité d'une race, et qui, tout en n'entraînant qu'un minimum d'efforts, assure toujours la sécurité et la quiétude.

A la faveur de la tranquillité — aujourd'hui complète — qui règne dans toute la colonie, incités par des exemples que l'administration doit avoir le souci d'encourager, beaucoup croient que l'indigène arrivera à se départir de la rigidité et de l'immutabilité de ses habitudes.

Ce changement s'opérera, sans doute, si l'indigène voit, par exemple, beaucoup de colons se livrer avec succès à la culture du coton[1] et du tabac, s'il peut en calculer les résultats certains, s'il prend lui-même confiance

1. C'est ainsi qu'encouragées par des tentatives européennes, on peut voir dans le châu de Chiên-ton (Cercle de Bao-Ha) plus de deux cents familles s'adonner exclusivement à la culture du coton et en récolter suffisamment pour en trafiquer après avoir fabriqué leurs vêtements. Ce coton serait, m'a-t-on dit, assez recherché par les Japonais pour leurs fils et leurs tissus. Il paraît très blanc et exempt d'impuretés.

dans l'avenir de ces deux cultures. Peut-être cette évolution serait-elle hâtée si les colons avaient le bon esprit d'intéresser les indigènes à leurs propres essais, de leur abandonner une partie des bénéfices et par suite de les amener à apporter aux nouvelles cultures le soin et le dévouement dont ils font preuve pour leurs rizières.

Le mode d'exploitation, le plus en usage à cet heure en Indo-Chine, est le métayage. Il paraît devoir donner d'assez bons résultats. Les essais qui ont été faits jusqu'à ce jour sont satisfaisants. Chacun sait en quoi consiste le métayage : le propriétaire fournit des terrains, une habitation, les instruments de travail, les provisions, les avances nécessaires au métayer et à sa famille durant la première année. Il paie, d'autre part, les impôts, fournit les animaux et les avances de semence. La première récolte est, tout entière, laissée au métayer. En retour, celui-ci supporte tous les frais de l'exploitation et doit entretenir la ferme, rembourser graduellement les avances reçues et payer, chaque année, une redevance, fixée au tiers de la récolte. D'une façon générale, les semences consenties au métayer ne le sont que la première année seulement.

On ne saurait trop encourager le système du métayage qui, en même temps qu'il associe étroitement le colon cultivateur à l'indigène, peut favoriser le groupement sur certaines terres jusqu'alors inhabitées de familles indigènes, quelque chose comme un petit village en raccourci.

Nous avons visité une de ces exploitations. Là, on ne se livre qu'à la culture du riz. Sur la plaine verte, les chétives paillottes des métayers se dressent au milieu de cocotiers et d'aréquiers. Une multitude d'enfants, tout nus, jouent dans la mare ou poursuivent le cochon craintif; l'homme est dans la rizière, avec le buffle.

Les avances faites sont modestes : le propriétaire donne par mois, à chaque famille, 8 *glas* de paddy, soit 144 kilog. Au début, on leur a fourni de la paille et du bambou pour construire la hutte. Lorsque le métayer n'est pas occupé sur son lot, il peut travailler comme coolie à la ferme centrale, au compte du propriétaire, et gagner par jour de 20 à 30 cents de piastres (la piastre peut être calculée au taux de 2 francs). Chaque famille reçoit cinq hectares ; on estime qu'au bout de quatre ans, lorsque la rizière est en pleine valeur, elle a reçu de 150 à 200 piastres d'avance ; le gia de riz avancé lui était compté un peu plus cher que le cours du moment : lors de notre visite, 75 cents contre 65 sur le marché.

Le métayer doit payer sa dette en paddy. Les deux premières années, il est difficile de rien lui demander. La troisième, il pourra sans doute s'acquitter en partie et donner au propriétaire environ 10 gias, ou 240 kilog. par hectare : la quatrième et les suivantes, le métayer achèvera de payer sa dette et versera 30 gias ou 420 kilog. par hectare. A ce moment, la terre sera en plein rapport, et pourra produire, par hectare, 150 gias ou 4.690 kilog. Toute cette production devra être vendue au propriétaire à 15 cents le picul de 64 kilog. au-dessous du cours.

Ce contrat de métayage, essentiellement variable selon les régions et la valeur des terres, peut donner une idée de la manière avantageuse dont les Européens trouvent à exploiter les rizières. Sans parler du bénéfice réalisé sur la vente obligatoire du riz du métayer au planteur, ce dernier recevra pour sa part une vingtaine de piastres de paddy, à l'hectare, au cours actuel. C'est un beau revenu, si on songe à la modicité des avances faites, et qui doivent d'ailleurs être remboursées. Mais, dans beaucoup de cas, le sol exige d'abord de coûteux travaux de drainage et de canalisation. En outre, la direction d'une métairie à paddy n'est pas aussi simple qu'elle le paraît au premier abord. Souvent les indigènes engagés disparaissent avec les semences, sans qu'il soit possible de les rechercher ; souvent il faut, pour permettre la mise en valeur des plaines intérieures de la Cochinchine, creuser des canaux et opérer d'autres travaux généraux qui dépassent absolument les moyens financiers et l'initiative propre de l'indigène. Il devra donc être aidé, soutenu, et quelquefois secouru.

L'indigène n'est pas de parti pris fermé ou hostile au progrès. Il fera rarement, j'en conviens, preuve d'initiative. Mais si on a la patience de lui expliquer, de lui enseigner les avantages d'une réforme, d'un changement, d'une nouveauté quelconque, si ces avantages surtout se traduisent par quelque chose de visible, de palpable, de matériel, soyez assuré qu'il se laissera gagner et qu'il ne tardera pas, à son tour, à essayer et à imiter.

Il faut avouer qu'aucune tentative vraiment sérieuse n'a encore été faite dans le domaine agricole. Loin de nous la pensée de vouloir pousser l'Annamite à abandonner sa rizière ou à transformer ses casiers en de vastes cotonnières. Ce serait lui demander de renoncer à tout ce qui a constitué sa force, sa grandeur, à tout ce qui l'a fait vivre, à toutes ses croyances, à toutes ses illusions, à toute sa raison d'être, ce serait lui demander, en un mot, de n'être plus lui.

Ce serait aussi l'exposer à de redoutables éventualités. La question est beaucoup plus simple. Il existe de nombreuses terres encore en friche, sur tout le territoire de l'Union. Leur abandon est dû à des causes multiples. Quelquefois la terre appartient à des colons qui l'ont occupée et ne l'ont jamais travaillée; quelquefois aussi elle est la propriété des indigènes ou de la commune, qui faute d'argent, de bras ou même de besoins, la laissent ainsi en jachère.

C'est sur ces terres que doivent être tentées les expériences nouvelles, c'est là que doivent être pratiqués les essais, les modes et les méthodes de culture. C'est là que l'initiative gouvernementale peut utilement s'exercer. C'est un champ d'expériences profitable à tous.

Et il ne s'agit pas de procéder à la légère, car l'indigène, attentif, observera vos fautes et notera vos insuccès. L'effort sera d'autant moins grand, pour le déterminer à essayer à son tour, que les premiers résultats auront été plus décisifs.

Des erreurs ont été très souvent commises en ces dernières années. Dans différentes provinces on a voulu implanter la culture du café, bien qu'il ait été à peu près démontré que cette culture n'avait, sauf sur certains points exceptionnellement situés, aucune chance de s'acclimater véritablement en Indo-Chine. La discussion, sur ce point, paraît à peu près close.

Les premiers essais ont été désastreux. On s'est obstiné. Et c'est ainsi que le voyageur qui parcourt le Tonkin, en particulier, peut voir en maints endroits de lamentables caféiers tordant leurs maigres tiges, au bout desquelles pendent, lamentablement, des feuilles précocement desséchées. Il est certain que de pareilles tentatives ne sont pas faites pour encourager et entraîner l'indigène, et il serait à souhaiter qu'on lui évitât le spectacle de ces avortements. Puisque le pays ne paraît pas devoir favoriser la culture du café, il est plus sage d'y renoncer franchement et de porter un effort, ainsi inutilement dépensé, sur d'autres cultures, telles que le coton et le tabac qui se développent pleinement et qui peuvent donner, dans des conditions déjà très bonnes et qui iront en s'améliorant tous les jours, d'excellents rendements.

Il est, également, une culture que l'on pourrait très facilement développer dans toute l'Indo-Chine, au Tonkin, et surtout en Annam. C'est celle de la canne à sucre. Celle-ci vient partout en abondance et pourrait se répandre encore davantage dans tout l'Annam central, où le terrain est très sec, et par conséquent tout particulièrement apte à son extension. Et qui ne voit les conséquences industrielles que cette culture générale pourrait avoir par la création de raffineries de sucre, où l'on amènerait les indigènes à apporter leurs matières premières.

Il ne s'agit pas de faire concurrence à la métropole, il s'agit simplement d'alimenter la consommation locale et de la soustraire au marché de Hong-Kong. Il s'agit en outre de donner aux indigènes un débouché facile, commode, tout à leur portée, d'un produit qu'ils récoltent à peu de frais, qu'ils ne transforment et ne peuvent transformer qu'imparfaitement [1], et dont ils sont loin de tirer à cette heure un prix vraiment rémunérateur. Et l'indigène participera sans difficulté à l'utilisation sur place de la canne à sucre, parce qu'il y trouvera à s'employer, tout en augmentant le rendement de ses propres produits. Il y aura tout bénéfice pour lui, sans compter, comme nous le verrons plus loin, les avantages matériels de toute nature que l'installation d'une raffinerie pourra lui procurer.

Nous parlions tout à l'heure de la culture du tabac. Elle est à peine pratiquée en Indo-Chine. Et cependant tout se prête à son développement. Le Tonkin offre un sol admirablement préparé pour sa propagation [2].

Bien que cultivé et employé par les Annamites depuis les temps les plus reculés, cette culture est

1. Il s'exporte annuellement de Quang-Ngaï pour plus de 10.000 tonnes de cassonade.

2. Nous devons quelques-uns des renseignements qui vont suivre à l'obligeance de M. Lecacheux, un des rares jeunes colons indo-chinois qui aient compris la colonisation. Qu'il trouve ici nos remercîments et nos félicitations.

rarement pratiquée sur de vastes étendues. En revanche, il n'y a guère de cultivateur indigène, qui, autour de sa can-hia, n'ait quelques pieds de café. Cela fait partie du « home », comme le buffle, le plant de bananier et d'aréquier.

Or, si l'on songe que le tabac peut se cultiver indifféremment en plaine ou en montagne, à la condition que le terrain soit riche en humus ou qu'il contienne des alluvions sablonneuses, des sables et des graviers perméables, on ne peut que déplorer l'indifférence dont il a été jusqu'à ce jour l'objet.

Fortement disséminée dans toute la Cochinchine, la culture du tabac occupe une place plus grande dans la province de Bien-Hoa, où elle recouvre une centaine d'hectares. On le plante le plus souvent dans les rizières, après la récolte du riz.

D'après une communication officielle, relative à la province de Bentré, on peut, dans un hectare de terrain, planter de 11 à 12.000 pieds de tabac, qui seront récoltés au bout de 2 mois et 20 ou 25 jours.

Les salaires pour les coolies qui arrosent le tabac s'élèvent environ à 180 ou 200 piastres.

Dépenses pour le fumier.

	Piastres.
Fumier de tourteaux d'arachides . .	120
Fumier de buffle.	12
Fumier de poisson.	12
Achat de seaux pour arrosage . . .	12
Pépinières.	30
Soit une dépense de	366 $ ou 386 $

Récolte. — On cueille en moyenne 8 feuilles par pied, soit 96.000 feuilles; on les coupe et on les met en petites tablettes, celles-ci au nombre d'environ 20.000, qui seront vendues au plus bas prix, soit 0 p. 03 la tablette. D'où un rendement de 600 piastres par hectare.

Déduction faite des dépenses, le planteur aura un bénéfice de 234 piastres environ. Malheureusement, aucun planteur ne plante plus de 3 công (20 ares).

Au Tonkin, la production est en proportion des besoins locaux. Elle est, par suite, essentiellement variable. C'est ainsi qu'on a pu la voir, à certains moments, atteindre des chiffres relativement très élevés, puis, sans qu'on puisse déterminer très exactement la cause de variations aussi brusques, diminuer dans des proportions considérables.

Dans le Delta, on ne rencontre guère de véritables cultures dignes d'attention, que dans les provinces de Thaï-Binh, Hai-Duong et Phu-liên. C'est surtout dans les huyêns de Thuy-anh [1] et de Tien-hai, que les indigènes de Thaï-Binh s'adonnent à la culture du tabac : ils choisissent les terrains sablonneux avoisinant la mer. » Les semis ont lieu au commencement de la saison sèche et la récolte est faite en juin. Les ventes s'effectuent à raison de 0 fr. 20 le « cân » (0 kilog. 600) pour le tabac en feuilles et de 0 fr. 22 pour le tabac préparé. Les 45.000 habitants du huyên de Vinh-Bao (Hai-Duong) plantent presque exclusivement du tabac; ce dernier huyên est également près de la mer. La production annuelle serait de 70.000 kilogrammes et la superficie cultivée, de 400 hectares. D'après un état établi par le rési-

1. La culture du tabac est en particulier très répandue dans le huyên de Thuy-anh (province de Thaï-Binh), où elle paraît déjà donner d'excellents résultats. La cueillette s'y fait en juin. Les producteurs roulent ensuite les feuilles et en font des sortes de cigares monstres, ayant une longueur de deux à trois mètres. On laisse le tabac ainsi fermenter pendant quarante-huit heures environ. Il est ensuite livré à des ouvriers spéciaux, loués à la journée, qui le coupent en menues tranches régulières ; puis, on l'étend sur des claies et on le laisse exposer au soleil deux ou trois jours. Il ne reste plus ensuite qu'à le mettre en paquets et à le porter sur les marchés dans des feuilles de bananier. Depuis quelque temps des ventes importantes sont signalées. Au mois de juillet 1902, le bureau des douanes de la circonscription a enregistré pour 25.000 kilogrammes de tabac vendu.

dent, 150 hectares de terrain seraient réservés au tabac, dans la province de Phu-liên.

La région montagneuse, Backan, Cao-Bang, etc., paraît propice au tabac; les plants y sont plus beaux que dans le Delta et la récolte y est plus abondante. On cite le cas d'un officier qui étudia cette culture dans le territoire de Bao-Lac. Il fit fabriquer par ses soldats plus de 30.000 cigares. Ces cigares avaient un bel aspect et revenaient, tous frais compris, à moins d'un demi-sou pièce. De pareilles tentatives ont été faites à Bac-kan. Les produits obtenus rappelaient un peu le tabac de Manille.

L'Annamite adore fumer. On peut dire que c'est son occupation favorite. Ce fait apparaît surtout lorsqu'on voyage dans le pays. Partout où vos porteurs ou vos coolies xhé peuvent s'arrêter, partout où ils trouvent un abri, leur premier soin est de confectionner une pipe à l'aide d'un morceau de bambou. L'Annamite aisé, lui, fume presque tout le jour, tantôt la cigarette, tantôt la pipe à eau, genre narguilé.

Les cigarettes ont la forme d'un cornet fin et allongé et sont roulées à l'aide de papier de Chine que le fumeur déchire au moment de s'en servir. Cette façon de fumer est surtout en honneur en Cochinchine. Au Laos, les indigènes confectionnent de grosses cigarettes avec des morceaux de feuilles de bananier.

La pipe à eau en usage en Annam et au Tonkin se compose d'un réservoir percé de deux trous à sa partie supérieure; l'un situé au centre reçoit la pincée de tabac, l'autre placé sur le côté sert à l'introduction du tuyau d'aspiration constitué généralement par un bambou de faible diamètre.

En faïence chez le pauvre, la pipe à eau (cái diêu nuóc) chez le riche a souvent une grande valeur; le réservoir est alors en fer ou en cuivre et placé dans une boîte ou un cylindre de bois de *gô* ou de *trác* incrusté de nacre et garni d'argent.

L'Indo-Chine est loin de pouvoir suffire à la consommation des Annamites. Ceux-ci ont recours aux tabacs, connus en douane sous le nom de tabacs chinois. L'importation a été en 1901 de près de 400.000 kilos estimés à un peu plus d'un million de francs.

La plus grosse partie du tabac employé en Indo-Chine, en dehors des tabacs dits chinois, est d'origine algérienne. La douane accuse une importation de 236.000 kilos en 1901. Singapoure et Hong-Kong en expédient également. Les tabacs venus directement de France représentent 35.428 kilos.

Pourquoi l'Indo-Chine n'arriverait-elle pas à alimenter elle-même la consommation locale, puisqu'il est établi que le tabac y vient tout aussi bien qu'ailleurs?

C'est moins la culture du tabac, à laquelle l'indigène se livrera de lui-même dès qu'il verra qu'il peut vendre sa récolte, que l'utilisation du produit qu'il s'agit de poursuivre en Indo-Chine, afin de pouvoir donner, sur place, aux Européens, un tabac susceptible de remplacer le tabac d'exportation, dont la qualité, par suite du transport, est toujours médiocre.

Ce qui a manqué jusqu'ici, ce sont des entreprises à base scientifique, en dehors de tout empirisme indigène, et d'après les procédés et les modes adoptés ailleurs. Car il ne suffit pas de planter le tabac, de surveiller sa croissance, il faut encore que le produit soit soumis à des manipulations conduites scientifiquement. Tout cela demande des connaissances spéciales, des capitaux suffisants et une installation appropriée. Des essais ont actuellement lieu. On ne peut encore rien en déduire. Ils témoignent en tout cas d'une activité et d'une recherche qui ne peuvent être que de bon augure.

Une manufacture dont il sera intéressant de suivre plus tard le développement est celle de Phea-Ly, fondée il y a quelques mois. C'est une société, composée exclusivement d'indigènes et formée d'actions de 100 piastres. Elle dispose d'un capital de 2.500 piastres.

On y fabrique des cigares et des cigarettes. Le

tabac est acheté dans la province de Cho-bo, aux Muongs qui le cultivent dans la montagne. La manufacture emploie déjà une trentaine d'ouvriers qui confectionnent par jour 400 cigares et 2.000 cigarettes, pesant ensemble 5 kilogrammes environ. Actuellement les frais généraux se montent, par mois, à 150 piastres environ; la société verse à l'administration des Douanes et Régies 70 piastres de droits et ne vend que pour 60 piastres de cigares et cigarettes. Il est vrai qu'elle n'est qu'à ses débuts. Le tabac a bon goût, mais les ouvriers ne sont pas encore bien habiles et les cigares, trop serrés et humides, se fument mal. Les cigarettes se vendent plus facilement à la troupe.

La manufacture fabrique également du tabac pour la pipe indigène, mais elle a à lutter avec les marchands ambulants qui ont le droit de transporter et de vendre jusqu'à 10 kilogrammes sans payer de droits.

Il serait à souhaiter que de semblables initiatives se renouvellent souvent. La culture du tabac est connue des indigènes depuis des temps très éloignés et ils n'ont pas attendu notre arrivée dans la colonie pour connaître l'utilisation pratique de la feuille. Il s'agit aujourd'hui, par des encouragements bien ordonnés, de les amener à fabriquer, non plus seulement pour leur propre consommation, mais en vue de satisfaire aux besoins toujours croissants du marché.

Ce qu'il faut également leur conseiller dans la préparation c'est d'opérer une sélection parmi les tabacs indigènes qui sont toujours mal fermentés et mal préparés.

Mais la culture indigène elle-même est susceptible d'être améliorée et de donner des feuilles de meilleur rendement, plus facilement utilisables.

Cette amélioration peut résulter surtout du mode de fumure et surtout de l'écimage. L'écimage est une opération très délicate, dont l'influence sur le rendement en qualité et en quantité est considérable. Le planteur indigène est loin d'y apporter tous les soins qu'elle réclame. De là les déconvenues, les mécomptes, les qualités inférieures de la feuille. Et toutes les manipulations ne rendront pas ensuite à celle-ci les qualités qui lui manquent.

En résumé, la culture du tabac, facilement abondante et productive dans toute l'Indo-Chine, pourra donner, le jour où elle aura été améliorée et soustraite au traditionalisme indigène, de très bons résultats. Elle permettra d'alimenter, d'autre part et dans des conditions relativement excellentes, toutes les manufactures qui pourront s'installer dans la colonie.

Préoccupé avant tout du Tonkin, il arrive très souvent que l'on néglige les cultures de l'Annam, également très fertile, car les plaines, nombreuses, y sont riches et sillonnées de canaux. L'Annam central [1], en particulier, produit en abondance la canne à sucre, le poivre, le thé, le riz, l'indigo, le tabac, le café, le coton, la soie, et un produit que l'on ne rencontre que rarement ailleurs, la cannelle. On la trouve surtout dans la haute région et principalement chez les Moïs. Les Chinois de Tourane vendent aux cultivateurs de cannelle les produits qu'ils importent de Hong-Kong, surtout des cotonnades et des outils, et se font payer en cannelle qu'ils exportent ensuite en Chine. Il se fait de la sorte un commerce très actif, ainsi que l'attestent les douanes de Tourane. Les Chinois sont, en effet, très friands de cannelle, et comme ils en récoltent très peu chez eux, ils absorbent, à eux seuls, toute celle que produit l'Annam.

1. Il y a, dans l'Annam, différentes régions. Au Nord de Hué, se trouvent les Moïs, peuple à demi-barbare, refoulé sur les montagnes, et dont l'unique nourriture est le riz. Ils sont à peine vêtus. On les rencontre à environ une heure et demie de marche du tombeau de Gia-Long. Ils ont été pendant si longtemps rançonnés et pillés par les Annamites qu'ils en ont de nos jours encore conservé la plus grande terreur.

Au Sud, sont les Tiams. On les évalue à à peu près 40.000. Ils descendraient des premiers Malais établis dans le pays. Leurs villages se distinguent par l'absence de toute végétation autour des habitations. Ce n'est que du sable. Nulle culture. De peau très blanche, leur figure rappelle celle des Malais.

Mentionnons, au centre, les Sédangs.

Sur presque toute son étendue, la côte d'Annam est sablonneuse. Ce sont des dunes. Toute la rade de Tourane, et presque toute la route terrestre de Hué à Tourane, par le col des Nuages, est envahie par le sable. Là, le cocotier pourrait être cultivé avec profit. Il demande, en effet, un terrain sablonneux et pas trop sec. Or, toute cette région est parcourue par de nombreuses rivières ou cours d'eau, qui descendent de la chaîne annamitique. Seulement, le cocotier ne rapporte qu'au bout de 7 ou 8 ans, et l'on aura toujours beaucoup de peine à obtenir des colons qu'ils fassent ainsi des cultures à long terme. Et cependant, on a calculé que chaque plant de cocotier rapporterait une moyenne annuelle de deux piastres. Rien assurément ne serait plus facile, en Annam, que d'en couvrir des milliers d'hectares.

Nous ne pouvons pas, sans dépasser le cadre assigné à cette étude, énumérer toutes les richesses agricoles de l'Indo-Chine susceptibles d'aider à l'activité économique de ce pays, et dont l'exploitation pourrait devenir, à bref délai, une source certaine de profits.

Il convient cependant de dire quelques mots des arbres à huile, si nombreux, soit au Tonkin, soit en Annam. Le jour où l'industrie, tant européenne qu'annamite, se portera du côté des plantes oléagineuses, aujourd'hui délaissées ou uniquement subordonnées aux besoins locaux, une source nouvelle de profits s'ouvrira pour l'Indo-Chine. Tel est le cas, en particulier, pour l'huile employée dans la préparation de la laque, dont l'usage est si répandu dans tout l'Extrême-Orient.

Cette huile est due à un arbre qui croît, à l'état spontané, dans les forêts du Tonkin. C'est le Cày-Trau, ou encore Câu-dâu-Son (arbre à huile pour la laque), des Annamites, le Yu-Tung ou Tong-Chou des Chinois, le Wu-Long des Japonais. Le nom botanique, généralement adopté, est celui d'*Aleurites cordata*. On l'appelle improprement, parmi les colons du Tonkin, « bancoulier », par suite d'une confusion facile avec une espèce voisine.

C'est un arbre de taille moyenne, atteignant trois ou quatre mètres sous branches, à rameaux étagés ascendants, à feuilles longuement pétiolées, éparses, glabres, ondulées. Le limbe est cordé, généralement divisé en cinq lobes, souvent moins, quelquefois entier. Il mesure, quand l'arbre est vigoureux, vingt centimètres de largeur. A son insertion avec le pétiole se trouvent deux glandes rouges saillantes. Souvent les jeunes feuilles sont légèrement teintées de lie de vin, entre les nervures, à la face inférieure, et couleur de rouille à la face supérieure. Adultes, elles sont d'un vert glauque en dessous, d'un vert mat en dessus.

Les fleurs apparaissent dans le courant de mars, quelquefois avant les feuilles ou en même temps. Elles sont réunies en corymbe à l'extrémité des rameaux. D'un blanc éclatant, marquées intérieurement de rouge sous chaque onglet, elles atteignent deux centimètres de diamètre. Le fruit ressemble à peu près à celui du noyer : il a les mêmes dimensions, mais présente trois valves au lieu de deux. Sa surface est comme ratatinée. A l'intérieur de la partie qui correspondrait au brou de la noix, sont trois coques dures, osseuses, chagrinées, de la grosseur du pouce, renfermant chacune une amande oléagineuse. La récolte a lieu à la fin d'août.

C'est de ces sortes d'amandes grossièrement pilées, soumises à l'action de la vapeur d'eau et pressées, que les divers peuples de l'Asie Orientale, par un procédé toujours sensiblement le même et peu perfectionné, retirent l'huile connue sur les marchés sous le nom de Wood Oil. C'est en réalité une oléomargarine. Il ne faudrait pas la confondre avec les oléorésines envoyées de l'Inde et de la Malaisie en Europe sous le nom de *Wood Oil*, ou huile de bois véritable, et qui sont extraites du tronc même de certains arbres. Un nombre relativement important de ces derniers existe aussi dans les forêts de l'Indo-Chine et s'y exploite.

L'huile de Trâu a beaucoup d'analogie avec l'huile de bancoulier, connue depuis longtemps en Europe. Elle est jaunâtre, visqueuse, combustible, beaucoup plus siccative. On l'emploie en Extrême-Orient pour enduire les bois et les cordages exposés à l'humidité, les meubles, ou pour rendre imperméables les papiers, les vêtements, les récipients en bambou. On l'utilise encore dans la fabrication du mortier. La cathédrale de Canton, construite toute en pierres de taille, il y a plus de quarante ans, n'a pas eu d'autre mortier. Elle n'a jamais bougé. On l'emploie aussi comme mastic pour fixer les vitres. Les grandes raies blanches que l'on voit à l'extérieur des jonques chinoises proviennent du calfatage par ce mastic.

Mais son principal débouché est la fabrication des vernis par son mélange avec des composés métalliques, et surtout avec la laque après cuisson.

Il n'existe point de marché local, ni pour les graines, ni pour l'huile à proprement parler. Les prix varient, à quelques lieues de distance, du simple au double.

Le Tonkin est très bien placé pour prendre possession de ce marché. Il n'a pour concurrents que la Chine et le Japon, où l'industrie des oléagineux demande encore à être perfectionnée.

Un autre arbre à huile se rencontre très fréquemment en Indo-Chine. C'est le « bancoulier » ou « noyer des Moluques », espèce très voisine du Trâu, mais beaucoup plus répandue. Originaire de l'Indo-Chine et de la Malaisie, il a été introduit sur un grand nombre de points des régions tropicales. On le rencontre dans toutes les colonies d'Océanie, aux Antilles, dans l'Inde, aux Mascareignes. C'est le « candle-mit-tree belgaum » ou « Indian walnut » des Anglais, le Caylai des Annamites, le Shih-leih des Chinois, le Tairi-Tahu des Taïtiens.

Le nom scientifique qu'on lui applique le plus souvent est *Aleurites triloba Forst* (Syn. Aleurites moluccanu Wild; Telopia perspicua Soland, etc.).

C'est un arbre de dimensions analogues à celles du précédent. Les rameaux sont fréquemment inclinés. Les feuilles sont éparses, souvent à trois lobes, surtout dans le jeune âge, celui du milieu plus grand, deltoïde, ou à deux lobes seulement. Comme celles du Tràu, elles ont une glande de chaque côté de l'insertion du pétiole. Elles peuvent atteindre vingt centimètres de longueur sur quinze de largeur.

Les fleurs sont blanches, beaucoup plus petites que dans la première espèce, disposées à l'extrémité des rameaux. Le fruit se rapproche, comme forme et comme dimensions, de celui du Trâu. Les noix sont à l'intérieur en nombre variable, parfois isolées, le plus souvent par deux ou cinq.

L'huile est très fluide. Une simple filtration lui donne une grande limpidité. Elle est de couleur ambrée, d'une odeur agréable et sans saveur quand les noix sont fraîches, insoluble dans l'alcool, facilement saponifiable. Après cuisson, elle devient tellement siccative, dit Janneney, qu'elle sèche entre deux marées, ce qui la fait employer comme préservatif des navires. Elle brûle avec une flamme claire et brillante. Ses propriétés sont nombreuses et ses applications varient à l'infini.

Elle est supérieure à l'huile de colza pour l'éclairage, et à l'huile de lin au point de vue siccatif. On l'emploie dans l'éclairage, la peinture, l'industrie du savon, la fabrication des vernis. En Extrême-Orient, elle sert à falsifier l'huile de Trâu. C'est un purgatif très usité dans les pays de production. Un chirurgien anglais la regarde comme un excellent isolant pour les ulcères.

Le tourteau constitue un engrais de premier ordre. Il renferme de 5 à 6 pour 100 d'azote et 1,40 à 1,60 d'acide phosphorique.

Les coquilles de noix brûlent en dégageant une fumée noire épaisse, et une chaleur considérable. C'est donc un combustible utile à l'occasion. En vieillissant, abandonnées à elles-mêmes, elles se couvrent d'efflorescences blanchâtres. Traitées par l'alcool, elles forment un précipité gommeux, astringent et salé, et laissent se dissoudre une belle couleur rouge tenace.

Jusqu'à ce jour, on ne connaît d'autres exploitation ou utilisation de ces deux produits, que celles laissées à l'initiative des indigènes, et celle-ci est des plus limitées.

En réalité, tout se borne à la confection de la laque, obtenue par des mélanges, savamment dosés, avec le produit du « Cayson » ou arbre à laquer. Or, on sait que la laque est une spécialité des pays asiatiques ; elle fait partie des vieux usages et des habitudes séculaires. Elle se pratique en grand dans toute l'Indo-Chine, et ses productions varient à l'infini. Elle sert à protéger jusqu'aux dents des indigènes. Là encore, il pourrait y avoir, quelque jour, tout profit pour la Colonie à encourager cette industrie et à l'alimenter par une production plus abondante des matières qui la font vivre.

Le problème serait double : il faudrait, d'une part, multiplier les plantations et surveiller la reproduction ; de l'autre, encourager l'installation de fabriques pour la fabrication de la laque. L'indigène se sentirait naturellement porté vers une industrie qui lui appartient pour ainsi dire en propre, mais qu'un défaut d'outillage, un manque d'habitude, une ignorance presque complète a laissé jusqu'à ce jour à l'état à peu près improductif et rudimentaire. L'utilisation des arbres à huile est une de celles qui peuvent donner le plus de résultats positifs et immédiats. Elle s'inscrit, en première ligne, au programme de demain.

CHAPITRE II

De la propriété foncière et du régime des concessions. — La main-d'œuvre indigène. — Ses qualités, son mode. — Nécessité d'en assurer la règlementation. — L'Indo-Chine a moins besoin de colons que de capitaux.

On a longtemps cru, surtout dans les années qui suivirent la conquête — alors que l'on n'avait que des connaissances forcément restreintes sur les ressources du pays, l'état des propriétés, la valeur des terres, les modes de culture — que le moyen le plus sûr d'aider à la colonisation du pays, à sa mise en valeur, à son exploitation, tant agricole qu'industrielle, était d'y attirer les Européens, et, pour les retenir dans la Colonie, de leur concéder ensuite largement, gratuitement, d'immenses étendues de territoires. Et c'est ainsi que l'on fut conduit à aliéner en très peu d'années, une partie assez considérable du domaine public : moyennant quoi, pensait-on, la superficie cultivée dans la Colonie allait décupler, centûpler, sans qu'il en coûtât rien au budget.

Hélas! L'expérience a prouvé combien ce calcul répondait peu aux conditions économiques de l'Indo-Chine. D'abord, que se passa-t-il ? C'est que le colon que l'on avait appelé, à qui l'on avait généreusement abandonné des centaines, voire même des milliers d'hectares, ne sut tout d'abord quel parti tirer de sa propriété. Il ignorait tout de ses nouvelles terres, tout jusqu'à leur véritable situation. Les cartes ne lui donnaient que de vagues indications, peu susceptibles de contrôle. Quelques-uns faisaient le voyage pour se rendre compte du cadeau que l'administration leur avait fait ; d'autres, plus nombreux, se contentaient des renseignements incertains que les documents leur donnaient.

Les années passèrent, et les terres ainsi concédées, après un semblant d'exploitation ou un simulacre d'entreprise, restèrent en friche. La plupart y sont encore, car bien rares sont les colons qui ont jusqu'ici essayé de profiter du généreux abandon fait par l'administration, pour débroussailler et cultiver les terres immenses dont ils sont devenus propriétaires. Il est à craindre que ces aliénations n'aient été ainsi faites au détriment de l'indigène qui eût pu, peut-être, à la faveur de la tranquillité, les travailler, ou tout au moins en commencer le défrichement. Les chiffres du reste sont éloquents. A la date du 1er janvier 1902, la superficie des terres gratuitement concédées, dans le Tonkin seul, s'élevait à près de cent quatre-vingt deux mille hectares, dont plus de cinquante mille dans la partie la plus riche, la plus dense, le Delta. Ainsi s'est peu à peu constituée une énorme propriété européenne, à peu près inactive ou inculte, dont le plus sûr résultat paraît être, jusqu'à présent, d'entraver la colonisation indigène. C'est cependant cette colonisation qu'il faudrait aider et favoriser, parce que c'est celle qui peut, seule, donner des avantages réels et immédiats. Alors que les colons européens en Indo-Chine n'ont pu mettre en culture, dans l'espace de dix ans, que 27.000 hectares de rizières, veut-on savoir combien les indigènes, en trois ans, ont défriché dans la seule province de Tanan? 70.000 hectares. Citerai-je d'autres exemples? En 1900, on a concédé aux indigènes 11.000 hectares dans l'arrondissement de Sadu. A cette heure, ces terres sont en pleine production.

C'est en 1896 que le régime des concessions, assez incertain et flottant jusqu'alors, fut réellement réglementé. L'arrêté du 16 août 1896 édicta, en effet, toute une série de stipulations dont on peut dire que l'esprit, d'un libéralisme imprévoyant, tua la lettre parfois plus perspicace. C'est ainsi qu'on ne peut qu'attribuer aux mesures prévues par l'arrêté précité, en vue de la délimitation des concessions, la plupart des erreurs ou des abus qui ont été relevés dans ces dernières années. Il n'est procédé, en effet, qu'à une vérification sommaire de l'exactitude des indications fournies par les pétitionnaires, sur la surface, les limites et la situation des concessions demandées (art. 5) ; ce sont les intéressés eux-mêmes qui marquent sur le sol, d'une façon apparente et réelle, les limites de leurs concessions (art. 6) ; les arrêtés de concession définitive ne sont signés qu'après la production d'un plan en double expédition, mais dont l'exactitude n'est pas nécessairement contrôlée (art. 10). L'insuffisance de ces dispositions éclate visiblement. Elle explique que des terrains n'ayant pas tout d'abord un caractère domanial, aient pu être primitivement concédés, puis rétrocédés, après vérification ultérieure. Toute opération de délimitation devrait, à défaut de cadastre, — dont il serait cependant urgent de s'occuper, au lieu d'en ajourner constamment la confection sous prétexte que l'on n'a ni l'argent ni le temps pour l'entreprendre, — s'appuyer sur des plans aussi exacts et précis que possible, et cela dans l'intérêt même des concessionnaires, toujours menacés de se voir expulsés de terrains indûment donnés, et aussi du protectorat, très souvent exposé, lui aussi, à voir des colons chercher à étendre leurs droits et à empiéter sur les terrains voisins de leurs concessions. A plusieurs reprises, les indigènes ont protesté contre ce qu'ils considéraient, non sans raison peut-être, comme de véritables usurpations. La question est malheureusement toujours au même point.

Ils ne travaillaient pas leurs terres, répond-on? C'est vrai. Mais leur avez-vous, en quoi que ce soit, donné les moyens ou la faculté de les travailler, leur avez-vous témoigné le moindre appui, le plus petit encouragement? Et êtes-vous bien sûrs que si vous les aviez traités avec la faveur et la générosité que vous avez marquées depuis aux colons, les indigènes ne seraient pas arrivés à des résultats autrement probants que ceux que vous pouvez invoquer à cette heure?

Les articles 14 et 15, de l'arrêté précité du 18 août 1896, prévoient certaines réserves pour les voies de communication, les tombeaux, les constructions affectées au culte. On ne s'explique pas que rien n'ait été spécifié pour ce qui est des réserves de terrains indispensables au développement éventuel des villages indigènes. Cette omission est profondément regrettable. Resserrés entre des concessions européennes, les villages sont fatalement voués à l'immobilité. Nulle expansion possible, nulle activité à espérer. C'est l'engourdissement certain, c'est la vie éternellement pareille, sans possibilité d'échapper à cette limite qui l'enserre et l'étouffe.

Cette situation est déjà intenable dans l'état de bon voisinage entre européens et indigènes. Que sera-ce en cas de désaccord, quand les indigènes, réduits à la seule possession de leur sol, se trouveront isolés au milieu d'une concession fertile, loin de tous moyens d'approvisionnement, privés de toutes communications avec le dehors, traqués, affamés par des voisins chez qui la quasi-certitude de l'impunité accroît encore les exigences?

Il y a, heureusement, moyen de pallier aux lacunes et aux oublis de l'arrêté organique. Et rarement la prévoyance de l'administration trouvera une plus belle occasion de s'exercer. Déjà, en introduisant diverses clauses dans les arrêtés qui approuvent les concessions provisoires, on a tâché de remédier, dans une certaine mesure, aux inconvénients de la réglementation existante; les droits des tiers sont expressément réservés et la colonie ne garantit nullement les concessionnaires contre les troubles, évictions ou revendications; les limites des concessions font souvent l'objet d'une description détaillée; les réserves des villages sont énumérées avec soin et des opérations de barrage sont imposées aux concessionnaires sous peine de déchéance. Il n'y a, pour l'instant, qu'à persévérer dans cette voie.

D'ailleurs, les difficultés provenant des actes qui fixent le régime des concessions n'ont qu'une importance relative en regard de celles que créent les prétentions manifestées par les concessionnaires à l'occasion de leurs rapports avec les populations annamites. Ces prétentions ne tendent à rien moins qu'à faire de chaque concession un véritable fief sur lequel le colon exercerait une souveraineté à peu près absolue. On a vu, en effet, dans maintes circonstances, ceux-ci s'attribuer le droit de régler seuls les relations qu'ils peuvent avoir à entretenir avec les chefs de villages, ainsi que celui de faire la police sur leurs terres, au moyen des forces dont ils disposent, de lever l'impôt et de le verser eux-mêmes au Trésor. En un mot, ils veulent, à l'égal de petits potentats, régenter à leur façon et la vie des indigènes et les biens dont ils sont détenteurs. De telles exigences sont inadmissibles, et ce serait aller à l'encontre du but que la France poursuit en Indo-Chine, que de les tolérer plus longtemps. Il ne faudrait pas que des exemples comme ceux que l'on a eu l'occasion de relever se renouvellent souvent pour que l'indigène, dont l'activité et le zèle se manifestent depuis quelques années pour le plus grand profit de la colonisation, revienne à ses habitudes de méfiance et d'inertie qui ont longtemps paralysé nos efforts.

Et cette question des rapports à entretenir entre indigènes et Européens nous amène à aborder un autre problème, étroitement lié, lui aussi, à l'avenir même de l'Indo-Chine, parce que de sa solution peut dépendre le développement agricole et industriel du pays. Nous voulons parler de la main-d'œuvre. C'est un des sujets les plus controversés et un de ceux qui ont fait couler le plus d'encre, tant en Indo-Chine qu'en France. Il ne suffit pas seulement, à cette heure, d'attirer des colons dans la colonie, de leur concéder des terres très vastes, de leur donner tous les encouragements et toutes les facilités possibles. La question est beaucoup plus haute, et il convient d'avoir le courage de l'exposer avec franchise. Il faut, à tout prix, quelles que soient les récriminations que l'on doive provoquer, se préoccuper sérieusement du sort de l'indigène. Il faut, en défendant le colon et tout en l'aidant, permettre à l'indigène de vivre et aussi d'améliorer sa situation. C'est en s'inspirant de ces idées que l'on arrivera à associer étroitement l'indigène à notre œuvre de colonisation, et à en faire un des instruments actifs de notre prospérité et de notre accroissement.

La main-d'œuvre est facile et abondante dans toute l'Indo-Chine. Elle ne manque ni d'habileté, ni d'expérience. Elle est souple et disciplinée. Ce qu'elle n'a pas, c'est un mode, une réglementation susceptible de protéger l'ouvrier et de défendre le colon. L'un n'est pas exclusif de l'autre. Nous avons contracté des devoirs de protection vis-à-vis des populations indigènes, et jamais ils n'auront une plus belle occasion de se manifester que vis-à-vis des paysans annamites, si dignes d'intérêt.

Voici comment s'exprimait sur leur compte un de ceux qui ont vécu au milieu d'eux et qui, ayant participé à leurs travaux, ont pu les apprécier et les juger [1] :

« Habitué à tourner, depuis des siècles, dans un faible rayon autour de son village (la plupart ne l'ont jamais quitté), soumis à des lois, traditions ou habitudes, non seulement bien définies, mais encore parfaitement entretenues sous la sévère discipline du conseil des notables de chaque village, notre indigène vit presque sans préoccupations : à date fixe, il ensemence ou il récolte ; il va au marché ou à la pagode, il paye ses impôts et accomplit ses prestations : ce sont là ses seuls soucis.

» Mais, faites-le sortir de son village, rompez ce faisceau d'habitudes et de traditions qui l'enveloppe, la nostalgie s'empare de lui et vous le voyez

1. *De la main-d'œuvre agricole dans les Colonies*, par M. Duchemin, planteur à Phu-Doan. — Paris, Société de Géographie Commerciale. Page 3.

dépérir comme un enfant brusquement sevré.

» Il est inquiet, il n'aime et ne cherche que le changement d'occupations jusqu'au jour où vous apprenez qu'il est parti.

» Toutefois, l'Annamite est respectueux des contrats écrits lorsqu'ils sont sanctionnés par l'administration. Il reste donc là où il est engagé régulièrement, nous en avons la preuve avec les miliciens et les tirailleurs tonkinois qui sont astreints à plusieurs années de service parfois loin de leur province.

» Je puis assurer que, dans les conditions actuelles, alors qu'aucun règlement de main-d'œuvre n'existe et que les coolies sont libres de faire ce qu'ils veulent, plus de 95 pour 100 ne restent pas un an sur la plantation. Je puis aussi affirmer que sur ceux que l'on a pu conserver deux ans, il y en a au moins 90 pour 100 qui s'installent, font venir leur famille et arrivent à faire corps avec l'exploitation. »

La population de l'Indo-Chine est une population essentiellement agricole et le sera longtemps encore. Il faut donc la traiter comme telle. Sa densité, extrême en particulier dans le delta, et dans certains centres, a provoqué une division presque infinie de la propriété. Si bien que partout, on ne rencontre que le travail familial ou individuel. C'est donc ce mode de travail qu'il faut autant que possible employer. Pour les travaux des champs, il est des plus faciles. Son expression la plus naturelle est le métayage. Nous avons dit que c'était la forme à peu près courante des exploitations agricoles.

Pour l'industrie et les mines, ce mode de travail ne présente plus les mêmes avantages. Là, il faut recourir au système des agglomérations et des grandes équipes. Et cela ne va pas toujours sans difficulté.

Sortez les indigènes de leur milieu ; vous avez de grands enfants, un peu déroutés d'abord, mais qui ne tardent pas, du fait de leur groupement, à devenir indisciplinés.

Comme des enfants, ils commencent par commettre des fautes légères, puis, peu à peu, ils s'enhardissent, et si la punition méritée n'est pas de suite infligée, c'est peut-être le désordre à bref délai.

Or, dans un différend entre blancs et hommes de couleur, une loi indigène peut difficilement être appliquée. Il en résulte que l'on est obligé, soit de fermer les yeux sur les fautes et délits relevés, soit d'en appeler à des lois européennes souvent inapplicables : c'est la ruine de toute discipline chez les ouvriers, de toute sécurité pour les patrons.

La question est, on le voit, plus délicate qu'elle n'apparaît tout d'abord. Elle demande, par suite, à être étudiée avec soin, à être débattue avec attention.

La main-d'œuvre indigène et asiatique, — car il n'y a pas seulement à se préoccuper du travailleur annamite, mais encore des recrues chinoises, très abondantes en Indo-Chine, — est régie par un arrêté en date du 26 août 1899 dont l'expérience a fait ressortir l'insuffisance et les lacunes.

Cet arrêté a institué, pour tout travailleur en service, l'obligation du livret, qui existe du reste dans presque toutes les colonies anglaises ou allemandes. Ce procédé d'immatriculation, à défaut d'autres avantages plus réels, a tout au moins celui d'établir — ce qui n'est pas toujours facile — l'identité de l'employé, de renseigner sur la nature du travail à fournir, sur le salaire et son mode de paiement, sur la régularité du travail. Il constitue en tout cas, pour l'employé fidèle, le meilleur des certificats, et pour l'engagiste un renseignement relativement sûr.

Mais ce que l'arrêté n'a jamais pu, et ne pouvait stipuler, c'est la garantie de l'exécution des contrats. Il n'est pas rare en effet — et pour qui connaît le tempérament des Annamites la chose n'a rien de surprenant — que l'employé indigène disparaisse subitement d'un atelier, d'une usine ou d'un champ, abandonnant sans motif le travail commencé, pour aller s'embaucher là où il y a un travail plus rémunérateur ou simplement moins pénible.

L'engagiste est évidemment désarmé. Comment, en effet, obtiendra-t-il de son employé qu'il reprenne le travail. Les indigènes savent fort bien qu'on ne peut les y contraindre, et, en grands enfants qu'ils sont, insouciants du lendemain, capricieux et légers, que leur importe le préjudice qu'ils causent à l'employeur et qu'ils se font aussi à eux-mêmes. Sur ce point, on ne saurait contester que les réclamations des colons ou industriels ne soient fondées. Avec beaucoup de raison, ils demandent que le contrat de travail soit un engagement bilatéral et qu'il y ait une sanction, non illusoire ou vaine, mais réelle et efficace, à toute violation, qu'elle émane de l'engagiste ou de l'engagé. La formule est à trouver. Quoique délicate, elle n'est pas impossible. En tout cas, la situation actuelle, — et sur ce point tout le monde est d'accord — ne saurait se prolonger sans danger.

Bien qu'elle soit partout abondante, il arrive parfois que la main-d'œuvre devient d'un recrutement difficile, par suite de l'hostilité, plus ou moins manifeste, des villages. D'où l'utilité d'instituer, par exemple, certaines primes, dont le mode resterait à déterminer et qui seraient distribuées aux villages qui auraient facilité le recrutement de la main-d'œuvre. Si l'on recherche, en effet, les causes de l'insuccès de l'arrêté du 26 août 1899, on est amené à reconnaître qu'elles proviennent pour la plupart de l'ignorance où se trouvent les travailleurs des avantages qui leur sont consentis par les chefs des exploitations agricoles ou industrielles. Il n'est pas défendu de penser que, mieux connus, ces avantages pourraient être de nature à vaincre la répugnance, instinctive, qu'éprouvent les indigènes à se transporter dans certaines rizières éloignées de leur lieu d'origine. Il y aurait donc lieu de donner la plus large publicité possible, dans les provinces, aux offres d'embauchage et aux demandes de main-d'œuvre émanant des colons ou des industriels. Or qui peut mieux favoriser cette publicité que les autorités indigènes de la commune et du canton? Ne sont-elles pas les conseillers autorisés et écoutés des indigènes? Aussi ne saurait-on trop, par de bons procédés, des promesses de récompense, provoquer le zèle de ces autorités et les amener à prêter leur concours et leur influence aux besoins de la colonisation européenne.

L'Indo-Chine étant appelée à bénéficier avant peu d'une accentuation très sérieuse du mouvement industriel, depuis longtemps constaté, la main-d'œuvre indigène, en partie absorbée actuellement par les grosses entreprises officielles, peut, à un moment donné, devenir insuffisante.

Il y a donc lieu de se préoccuper de l'élément asiatique, et en particulier de l'élément chinois, susceptible de suppléer à la pénurie annamite et de satisfaire aux demandes de l'industrie privée. Quoi qu'on fasse, le recrutement de cette main-d'œuvre ne laisse pas que d'être onéreux, car les taxes exigées par l'administration chinoise, et les frais de voyage et de nourriture, sont considérables.

Or, il est de toute nécessité, pour l'instant, d'avoir de la main-d'œuvre, afin de pouvoir continuer et développer les travaux privés, parallèlement au grand essor économique, imprimé à tout le pays, par les constructions de chemins de fer, de routes et de canaux. Il importe donc, si l'on ne veut pas s'exposer à ce que certaines entreprises particulières manquent de bras, et à ce que la main-d'œuvre annamite, par voie de conséquence, hausse ses prix, de créer, en particulier au Tonkin, — appelé plus immédiatement que l'Annam et la Cochinchine à bénéficier de l'élan industriel, — un courant de main-d'œuvre chinoise, aujourd'hui des plus précaires, malgré la proximité des frontières de Chine. On pourrait, par exemple, exonérer de l'impôt de capitation les Chinois qui viennent en Indo-Chine pour s'embaucher, soit dans les exploitations agricoles, soit dans les entreprises industrielles. L'émigration de cet élément a soulevé, à maintes reprises, de fortes oppositions. D'aucuns veulent y voir un danger social et politique. Pour eux, les Chinois deviendront fatalement des commerçants, et en très peu de temps passeront du rang d'ouvrier à celui de boutiquier, détaillant, prêteur à la petite semaine, exploitant et ruinant l'Annamite, et drainant, en Chine, tout l'argent qu'ils amasseront ainsi sans profit, ni pour la Colonie, ni pour l'indigène. L'objection est vraie quant au fond et ces craintes ne sont pas absolument chimériques. Il n'est pas cependant démontré que l'on ne puisse parvenir, à l'aide d'une bonne réglementation, à atténuer, sinon à écarter le danger. Au surplus, la présence du Chinois peut être à un moment donné très utile, en ce sens qu'elle peut nous aider à secouer le peuple annamite de sa torpeur séculaire, de son insouciance et de sa timidité.

Le Chinois est actif, laborieux, et s'il est âpre au gain, il est dur à la besogne. L'Annamite le craint et le redoute. On a partout en Indo-Chine gardé le souvenir des exactions et des rançons passées. Aujourd'hui, l'indigène n'est plus isolé. Il est soutenu et protégé. Il faut qu'il comprenne qu'il peut et qu'il doit lutter contre le Chinois, et au contact de celui-ci, il peut lui emprunter quelques-unes de ses qualités. Le Chinois peut être, en un mot, l'excitant et le modèle.

On évalue à 180.000 environ le nombre des

Chinois qui sortent, tous les ans, de l'Empire pour aller travailler au dehors. Sur ce nombre, quelques milliers tout au plus viennent en Indo-Chine. Tout le reste s'écoule vers Singapoure, Bangkok, Sumatra, Ceylan, etc. Il y a lieu de se préoccuper de cette pénurie et de favoriser en Indo-Chine une émigration qui, répétons-le, bien réglementée et surveillée [1], ne peut, en l'état actuel de la main-d'œuvre annamite, que donner d'excellents résultats.

A cette heure, il faut nous préoccuper, non de faire venir, quelquefois à grands frais, des colons en Indo-Chine, mais d'y attirer des capitaux. Tout l'avenir de l'Indo-Chine est là. Il faudrait que la métropole le comprît et s'en souvînt.

La population annamite est suffisamment dense pour répondre à tous les besoins. L'argent seul fait défaut. C'est avec des capitaux que l'on pourra utiliser ces milliers de bras indigènes, tout prêts à travailler, et ces richesses naturelles dont l'Indo-Chine pourrait être si prodigue. C'est en intéressant le Français aux entreprises industrielles et agricoles, en lui montrant qu'à la faveur de l'ab-

1. Une mesure qui paraît avoir réussi dans d'autres colonies est la création de congrégations chinoises. On pourrait en provoquer l'établissement, dans chaque agglomération agricole, industrielle ou minière du Tonkin, avec un chef responsable vis-à-vis du Protectorat, et l'obligation pour chaque engagé d'avoir un livret individuel avec photographie.

solue sécurité il peut, non plus risquer, mais placer ses capitaux dans l'œuvre de colonisation qui commence, que l'on donnera à l'Indo-Chine les moyens qui, jusqu'à présent, lui ont manqué pour se lancer dans la voie de la mise en valeur. L'Indo-Chine fait, en effet, exception à la règle coloniale commune. Tandis qu'au Soudan, à Madagascar, sur la côte d'Afrique, — colonies dépeuplées — il est indispensable d'y appeler des colons, de les y installer et de les fixer, le Tonkin, l'Annam et la Cochinchine ont tout ce qu'il faut pour s'en passer. Une population prolifique et laborieuse y est partout répandue. Que faut-il pour assurer leur prospérité ? Que les capitaux y pénètrent et y soient utilisés. Telle est la formule du moment. Elle traduit exactement la situation économique actuelle de la colonie et exprime la donnée véritable du problème qui reste à résoudre. Une ère de richesses incalculables sera la conséquence immédiate de l'effort capitaliste qui sera tenté.

CHAPITRE III

Comment agrandir le domaine agricole de l'Indo-Chine. — Les cultures textiles : abaca, ramie, jute, bananier, etc. — Dans quelles conditions sont-elles susceptibles d'exploitation. — Débouchés et utilisations. — Statistiques concluantes. — L'amiante et ses applications.

Nous avons vu pour quelles raisons on s'était pendant longtemps obstiné à ne voir dans l'Indo-Chine qu'un vaste champ rizicole. Et cela paraissait si vrai que les colons ou les planteurs avaient à peu près renoncé à essayer autre chose. Il convient toutefois d'observer que des tentatives sérieuses ont été récemment faites pour acclimater ou expérimenter, soit au Tonkin, soit en Annam, quelques cultures nouvelles en dehors de celles connues ou exploitées jusqu'ici. On savait depuis longtemps que les différents sols indo-chinois, sous l'action des pluies de février et de mars d'une part, de juillet et d'août de l'autre, se fertilisent cependant assez pour permettre, par exemple, à l'agriculteur de tenter avec succès la culture des textiles. Il est vrai que les textiles épuisent rapidement les terrains qui les nourrissent, et qu'après quelques années de rendement, ceux-ci doivent être abandonnés en jachères ou soumis à des engrais actifs et puissants.

Or, le cultivateur annamite a une telle confiance dans son sol, qu'il ne se sert que rarement des fumures, les réservant exclusivement pour son riz. Peut-être, un jour, quand il aura appris à quels usages le commerce français destine les textiles, quand il saura quels profits certains il en peut lui-même retirer, changera-t-il de méthode? On verra alors très certainement se produire de grandes modifications dans les cultures indigènes; à la richesse déjà notoire du Tonkin pour sa denrée vitale, s'ajoutera une richesse insoupçonnée et plus grande encore, qui proviendra des cultures, généralisées et suivies, de nombreux textiles dont les débouchés et l'utilisation iront en se développant chaque jour.

Et si l'on remarque que le jute, l'abaca, la ramie, vendus à des prix souvent assez élevés sur les marchés locaux, ne sont pas encore l'objet d'une culture intensive, on peut facilement augurer d'une plus grande production, entraînant des profits élevés et certains avec la quantité, une fois l'indigène au courant des méthodes susceptibles de restituer au sol les éléments emportés par les cultures. Il en résultera, par suite, deux grandes sortes de cultures, d'une part, le riz, produit de consommation qui ne fera qu'augmenter de valeur par des engrais minéraux appropriés et par la sélection des graines ; d'autre part, des produits d'industrialisation, sans grande complication dans la manipulation, comme les textiles.

Car nombreux sont les textiles qui peuvent être utilement introduits en Indo-Chine, si l'on en juge par les essais — bien que timides — qui ont été déjà faits. Nous allons les examiner successivement, en nous servant d'études faites sur place et de renseignements récemment publiés.

L'Abaca. — L'abaca est une sorte de bananier originaire des Philippines. Il constitue ce qu'on appelle communément le chanvre de Manille. C'est la grande source de revenus de cette ville et c'est aussi son orgueil. Elle aurait exporté, en 1897, jusqu'à 231 millions de kilogrammes de chanvre ou abaca, au prix moyen de 0 fr. 50 le kilog., soit 115 millions de francs. Ce chiffre est assez éloquent pour fixer la valeur et l'utilité de l'abaca, qui paraît devoir, de plus en plus, concurrencer le chanvre d'Europe. Il explique aussi les efforts faits par les Philippins pour décourager les initiatives du dehors et conserver le monopole exclusif de la fabrication. Ce fut à grand peine que le gouvernement de l'Indo-Chine put calmer leurs méfiances et obtenir quelques plants. L'essai tenté dans le sol du jardin botanique à Hanoï donna les meilleurs résultats. On le renouvela sur différents points. Les conclusions furent partout les mêmes. L'abaca était acclimaté. Voici ce que dit, à ce sujet, un des premiers colons qui aient essayé au Tonkin la culture de ce textile :

« Plantés dans un très bon sol, meuble, humide et bien fumé, en quelques mois mes six plants avaient formé six belles souches d'une belle venue. Malheureusement l'hiver 91-92 fut assez rude, il gela presque, et, un beau matin, j'éprouvai la désillusion de voir mes abacas complètement rôtis — comme une vigne sous les baisers d'avril et de la lune rousse.

» J'étais navré et doublement, car je perdais en même temps un millier de caféiers libérias plantés sur le même terrain, les uns et les autres victimes de cette température qui, autant que je me rappelle, était tombée à 2 degrés.

» Cependant, après quelques jours, je m'aperçus que tout n'était pas perdu — pour les abacas seulement — des rejets naissaient à nouveau ; les racines du pied étaient donc demeurées indemnes ; seules les feuilles et leurs gaines avaient été impressionnées. Un peu plus tard, je pus faire la transplantation d'une douzaine de plants, lesquels me faisaient espérer une rapide multiplication.

» Vint l'inondation exceptionnelle de 1893 ; — nouvelle déception, cette fois plus aiguë : les tiges furent englouties sous les eaux, mais cette fois encore les pieds restèrent intacts, et, le temps aidant pour la troisième fois, je vis des rejets s'élever. La leçon était bonne et, doublement instruit, à peine mes abacas ressuscités, je me hâtai de les transporter sur un terrain mieux doué, à l'abri des plus hautes eaux et des grands vents du nord. Là, je n'eus plus d'inconvénients, mes abacas prospérèrent dans des conditions inespérées, et à l'heure actuelle, après sept ans d'essais et de soins minutieux, j'ai une plantation qui comporte un millier de souches, chacune composée de 8 à 12 jets susceptibles d'être isolés ; c'est dire qu'il me faudra encore deux à trois années avant la période de rapport — ceci pour les administrateurs qui s'étonnent des insuccès des premiers colons.

« Ainsi, la culture de l'abaca devra être entreprise, de préférence, dans les vallées du Fleuve-Rouge et de la Rivière-Claire, et suivant certaines limites ; les aléas seront vraisemblablement plus nombreux au nord et à l'est du Tonkin. Les terrains plus spécialement affectés à cette culture seraient les flancs intérieurs à pentes douces de collines boisées formant criques, des dépressions à flanc de coteaux, des gorges de vallonnements, lieux où sont entraînés et condensés par les pluies les humus des crêtes, généralement meubles sur une profondeur appréciable, conservant parfaitement l'humidité de fond et absorbant facilement l'humidité de l'air.

» L'abaca peut être repiqué dans sa première année, quand les rejets ont atteint de 60 à 70 centimètres de hauteur. Sa durée de croissance est de quatre ans, caractère qui le différencie des musa comestibles ou sauvages. C'est dans sa quatrième année qu'il émet son bourgeon terminal et est mûr pour l'industrie. Ses fibres s'extraient des gaines foliaires qui forment le tronc. Pour cela, on coupe le tronc au niveau du sol et au nœud de diffusion de feuilles, on détache successivement les feuillets parenchymateux qu'on presse entre deux cylindres de bois. Ainsi broyés et réduits, on les fait macérer dans une lessive de calcaire faible pendant deux ou trois jours, — opération qui tend à assurer l'imputrescibilité de la fibre, — on les lave ensuite à grande eau pour les débarrasser d'excès de parenchyme, et on les fait sécher au soleil. Puis, on les broie à nouveau au marteau de bois jusqu'à ce que les fibres soient complètement libres.

» On le voit, ce procédé de décortication, quoique rudimentaire, est suffisant, et une main-d'œuvre exercée accomplit ce travail avec une rapidité telle qu'elle peut dispenser d'une machine coûteuse dans des plantations peu étendues. C'est cette simplicité de culture et de décortication qui explique la valeur de l'abaca et les gains qu'il procure à ses producteurs, débarrassés d'onéreux intermédiaires. »

Ce qu'il faut en définitive, c'est rechercher des sols forestiers profonds, silico-argileux, le plus chargés d'humus possible. La présence du fer dans le sol est un indice de sa fécondité, car les oxydes de fer tonkinois renferment de l'apatite ou phosphate de fer sous forme de cristaux très petits, cachés, disséminés à l'infini.

D'une enquête que nous avons faite, il résulte que l'exploitation de l'abaca est soumise à des conditions de culture dont il nous paraît utile d'énumérer les principales.

Autant que possible, il conviendrait de choisir des vallonnements boisés à pentes très douces, baignés, au pied, par des cours d'eau ou thalwegs humides, les sommets restant boisés après défrichement des pentes. Il en résulte que les pentes sur lesquelles s'étageront les abacas resteront humides par infiltrations ou endosmose. Une terre constamment soumise aux réactions sous l'influence d'une humidité décèle toujours une force nutritive considérable.

Il y aura lieu aussi, font observer les planteurs déjà éprouvés, de soustraire le plus possible l'abaca au vent du nord, et l'on devra toujours préférer les vallonnements et vallées fermés à tous les versants situés d'ordinaire trop à l'ouest. La tige de l'abaca se flétrit et sèche complètement sous une température maximum de 3 degrés. En raison de cette sensibilité, il sera peut-être bon d'ombrager ou d'abriter les plantations à l'aide d'arbres à feuillage épais.

Il n'y a qu'une saison, assure-t-on, pour planter le rejet d'abaca, c'est la saison pendant laquelle l'indigène plante lui-même ses bananiers, c'est-à dire en juillet, août et septembre. Dans le cas où l'on voudrait semer, il vaudrait mieux le faire en février ou mars pour la sécurité de la germination.

En admettant que l'on puisse trouver de suite 100.000 rejets d'abaca au moment le plus propice, c'est-à-dire au mois d'août, on peut déterminer, après plusieurs expériences renouvelées, l'évolution que suivrait la plantation et sa situation au bout de trois ans [1]. On sait que c'est dans la troisième année que l'on coupe la tige pour en extraire les fibres.

En août 1903, 100.000 pieds — à raison de 2.000 par hectare, — exigeront 50 hectares.

1. Je dois ces indications à M. Rémery, dont j'ai visité la plantation à Tuyên-Quang et qui, grâce à une activité inlassable, commence à obtenir d'excellents résultats.

En août 1904, — après multiplication, les rejets croissant au pied de la tige mère, à raison de 3, 4 ou 5 sur chaque pied et par an, la plantation comportera en moyenne 350.000 pieds sur 125 hectares.

En août 1905 — un million de pieds sur lesquels on pourra prélever pour décortication 150.000 tiges, soit les 100.000 de la plantation initiale, plus 50.000 tiges hâtives. On évalue le rendement moyen de fibre par tige à 150 grammes, d'où 10 tiges pour 1 kil. 500 et 150.000 francs pour 22.500 kilogrammes.

Les prix de l'abaca ont varié beaucoup depuis quelques années, c'est-à-dire depuis la guerre hispano-américaine. Au beau temps de la prospérité de Manille, l'abaca était coté 600 francs la tonne-minimum. La cote a atteint 1.800 francs. On estime, d'après les derniers rendements, que le chiffre de 1.000 à 1.200 francs se maintiendra pendant longtemps. Actuellement, à Manille et à Hong-Kong, selon des renseignements récents, le prix serait de 1.500 francs.

Ainsi, en trois années, une exploitation créée sur le pied de 100.000 tiges, suivant une progression ascendante rationnelle, rapporterait de 20 à 25.000 francs. Ce rapport augmentant proportionnellement au développement de la plantation, la dépense initiale peut se décomposer ainsi :

	Piastres.	Francs.
	—	—
Concession et immeubles . . .	5.000 »	
Gestion et frais généraux. . .	5.000 »	
Achat de 100.000 pieds à 0 fr. 15.	15.000 »	
Défrichement de 50 hectares à raison de 25 francs par hectare	1.250 »	
	26 250 » ou	52.500 »
Dépense réduite la seconde année aux frais de gestion et de défrichement de 100 francs	Francs.	
	—	
soit.	5.000 »	
Plus.	2.500 »	
Les rejets provenant de la plantation même.	7.500 »	
	15.000 »	15.000 »
Dépense réduite la troisième année aux mêmes frais, soit également		15.000 »
		82.500 »
Duquel il faut déduire le produit de la vente exposée ci-dessus		25.000 »
Total.		57.500 »

Ainsi, d'après les renseignements donnés après expérience, en cinq ans, six ans au plus, le capital de 100.000 francs employé pourrait être amorti, et la plantation ne serait pas loin de valoir près d'un million.

Même en tenant compte, d'une part, des déchets et des frais imprévus, et de l'autre de certaines exagérations provoquées par un enthousiasme généreux, il n'est pas douteux qu'un avenir des plus séduisants s'ouvre pour les planteurs d'abaca, possédant les aptitudes et les capitaux suffisants. Et par aptitudes, il faut entendre les connaissances que le planteur devra forcément posséder, non seulement au point de vue théorique, mais, ce qui est plus essentiel, au point de vue pratique.

Suivant des informations venues de Manille, on pourrait compter, en bonne terre, 1.800 pieds d'abaca par hectare, et ceux-ci rendraient en moyenne près de 450 kilogrammes de filasse marchande ou 0 kil. 250 par pied.

Une remarque s'impose ici :

C'est que cette production de 450 kilogrammes de filasse sèche et peignée d'abaca à l'hectare, ne classe pas l'abaca parmi les plantes textiles à *gros rendements*. En effet, d'après les chiffres admis par la Commission permanente des valeurs en douane de France, — dont les travaux ont partout une si grande autorité, — la production moyenne du *lin* en filasse par hectare est de 600 kilogrammes, et celle du *chanvre*, en France, dans les régions où il est encore cultivé, de 700 kilogrammes de filasse à l'hectare (rapport de 1898).

La production du coton (en coton *égrené*) à l'hectare, est, il est vrai, beaucoup plus faible : 214 kilogrammes, d'après un document officiel américain. Ce chiffre est une moyenne de dix-sept ans d'observations dans les dix principaux états cotonniers de l'Union. Pendant cette même période, la moyenne *maxima* de production a été de 279 kilogrammes de coton égrené à l'hectare (Louisiane), et la moyenne *minima* de 139 kilogrammes à l'hectare (Alabama). Mais il faut cependant accepter ces moyennes avec discernement car, en 1894 par exemple, la production du Texas a atteint jusqu'à *430 kilogrammes* de coton égrené à l'hectare, et cet état a représenté, cette même année, 33 pour 100 de la production totale des États-Unis.

Quoi qu'il en soit, et pour en revenir à la culture de l'abaca en Indo-Chine, ce qui importe le plus à cette heure, si l'on veut sérieusement s'adonner à son exploitation, c'est le choix approprié et raisonné du sol. Ici, on se heurtera peut-être au scepticisme et aux haussements d'épaules de ceux qui, ayant tout tenté en Indo-Chine, ont tout abandonné. Leur découragement est sombre. Pensez donc, tout férus de science agronomique, ils avaient successivement essayé tabac, arrow-root, riz, café, bancouliers, abaca et jute. Ces planteurs ont eu tout ce qu'il fallait pour réussir et développer sérieusement l'agriculture au Tonkin; ils ont eu des subventions, des encouragements et la protection des résidents; ils ont eu à maintes reprises des commandites sérieuses. Eh bien, ces planteurs ont échoué. Pourquoi? Parce qu'ils se sont butés et qu'encore aujourd'hui, ils se butent aux détails de la science pratique. Ils ignorent ce qu'est un sol, ils ignorent la culture dans ce qu'elle a de plus vivant, son adaptation au sol et les soins que peut exiger une culture, à une heure donnée.

Et ainsi s'expliquent certaines réponses faites à ceux qui poussent à la colonisation de l'Indo-Chine: « Mais, voyons, disent-ils, vous n'y pensez pas; voyez un tel qui est un maître, vous ne le niez pas, qui a la science et l'argent depuis de nombreuses années et qui n'a réussi à rien et ne réussira jamais à rien. Votre Tonkin est néfaste, son sol est un engloutisseur de fortunes, comme il a été un engloutisseur d'hommes. Son climat débilite tout, plantes et hommes... » C'est la vieille légende, fausse comme toutes les légendes; chiendent de l'histoire, elle a longtemps fait loi en Indo-Chine. Grâce à des efforts persistants, et à des tentatives répétées et concluantes, son règne, à cette heure, est heureusement près de finir.

Ramie. — La ramie, cultivée un peu partout au Tonkin, est la ramie blanche *Nivéa*, très reconnaissable au verso blanc d'argent de sa feuille. C'est une ortie communément appelée ortie de Chine. Elle se plante par graines ou par transplantation de rhizomes ou griffes et croît d'autant plus activement qu'elle se trouve dans des terres humides et perméables. Elle affecte alors la forme de touffes épaisses et les tiges peuvent atteindre jusqu'à 1 mètre 50 de hauteur. On la cultive, en général, dans toutes les terres plus ou moins amendées ou fumées et de préférence dans les pays intertropicaux, où l'on peut obtenir trois et parfois quatre coupes par an, tandis que dans les pays trop secs, on ne peut faire qu'une ou deux coupes médiocres. L'Indo-Chine présente, à cet égard, des conditions de culture éminemment favorables[1], mais il ne suffit pas d'assurer la récolte, il faut pouvoir en utiliser le produit. Et c'est ici où gît toute la difficulté.

On distingue plusieurs procédés de décortication selon qu'on extrait la fibre en vert, c'est-à-dire sur place, on qu'on lui fait subir préalablement diverses opérations de rouissage et dégommage.

Décortiquer en lanières, à l'état vert, ou défibrer et peigner également à l'état vert sont les seuls procédés qui puissent être accessibles à l'Annamite à qui le temps et les instruments manquent pour une manutention plus raffinée.

1. Elle est actuellement entreprise sur plusieurs points : dans la province de Baria en Cochinchine, dans le massif qui sépare la Sesane de la Srépock, et sur les pentes du plateau des Bolovens au Laos, — où elle donne lieu à une petite exportation sur le Cambodge — sur plusieurs points de la côte annamite, et au Tonkin où on la trouve à l'état sauvage, dans le bassin de la rivière Noire notamment. Mais nulle part elle n'a encore donné lieu à une culture intensive pratiquée sur de grands espaces.

D'ailleurs, les filateurs, acheteurs de la matière première, ont paru d'accord pour reconnaître qu'il valait encore mieux acheter les lanières ou les filasses non entièrement dégommées, quitte à se charger eux-mêmes de cette opération, chacun ayant sans doute son système particulier de dégommage.

L'industrie de la filature paraît assez disposée à prendre la ramie comme matière, sous au moins deux formes :

1° La lanière dépelliculée, sèche ;

2° La filasse sèche ou China grass (plus ou moins dégommée).

Au Bengale, où la culture de la ramie se pratique dans de très vastes proportions, on est arrivé à des résultats qui semblent devoir assurer avant peu à la ramie des débouchés nombreux en la mettant directement en concurrence avec le chanvre et le lin, tant pour le rendement en filasse — qui est de 1.900 kilogrammes par hectare, soit plus du triple du rendement moyen du lin — que pour le prix de revient. Il est, en effet, un point qui mérite de fixer l'attention en France, c'est l'estimation de ce que peut coûter la pousse de filasse de ramie au Bengale : 330 francs.

Or cette même filasse est actuellement cotée 600 francs environ la tonne, en Europe. Même en tenant compte du fret, on voit donc quelle belle marge de bénéfice laisserait cette culture.

Ce prix de 600 francs serait un minimun, car il est inférieur au prix moyen de la tonne de lin peigné russe qui varie de 7 à 900 francs, depuis trois ans (prix d'importation en France, d'après la Commission des valeurs en douane). Le prix du chanvre importé varie de 500 à 700 francs pour le chanvre broyé ou teillé, et, pour le chanvre peigné, de 1.200 à 1.470 francs la tonne. Ce sont des points de comparaison qu'il ne faut jamais perdre de vue dans la question de la ramie. Il faut ajouter que, jusqu'à présent, le prix inférieur offert pour la ramie (sous forme de china-grass), par les industriels, est dû aux opérations complémentaires qu'elle nécessite avant le peignage et la filature [1]. Or, depuis de longues années, des groupes de producteurs et de consommateurs se sont érigés en Congrès de Ramie, offrant des primes aux inventeurs qui trouveraient le moyen le plus économique de décortication, et il semble qu'on ne soit pas éloigné d'avoir atteint le but.

Nombreuses sont les applications pratiques qu'offrent la ramie et l'abaca. On écrirait des pages

1. Autre détail qui a son importance. Le rapport du fil de lin au fil de ramie est de 6 à 10, c'est-à-dire que : 1 kilogramme fil de lin n° 10 = 6.000 mètres de longueur ; 1 kilogramme fil de ramie = 10.000 mètres de longueur.

entières sur l'utilisation de ces deux textiles. Dirai-je les ressources qu'offre en particulier la ramie pour la fabrication du linge de table et les fort beaux tissus que l'on est arrivé à fabriquer? Les services de table en ramie sont devenus, à cette heure, un des principaux produits de Canton, et la quantité débitée, chaque année, est considérable, car la ramie, chacun le sait, a des qualités de brillant, de finesse, de douceur au toucher, de ténacité et en même temps d'élasticité qui la rendent supérieure au lin. En outre — et ceci est à considérer — elle ne pourrit jamais.

Rappellerai-je, d'autre part, les essais heureux tentés dans la fabrication des cordes, cordages, sacs, et autres objets d'une résistance et d'une solidité éprouvées. Si l'on songe que la consommation annuelle du lin et du chanvre treillés, auxquels la filasse de ramie peut être au moins partiellement substituée, atteint actuellement, *dans la métropole seule*, de 70 à 90.000 tonnes, représentant de 50 à 65 millions de francs, on voit quelle source de revenus et quelle activité économique peut trouver le Tonkin — si bien préparé par son humidité — dans le développement décisif de la ramie.

Bananier sauvage. — Il arrive très souvent que l'on confond l'abaca avec une sorte de bananier sauvage, très abondant dans tout le Tonkin, principalement dans les vallées basses et chaudes et appelé suivant les uns *Musa sylvestre, Musa paradisciaca,* suivant les autres. La filasse du bananier sauvage se rapproche en effet beaucoup, comme aspect, force de résistance et longueur des fibres d'abaca. Tout permet donc de croire qu'elle pourrait être également utilisable pour la fabrication des cordages.

C'est dans l'Inde — où les bananiers sont particulièrement abondants — que l'attention avait été attirée sur cet aspect de la culture du bananier dès 1822. En 1851, à l'Exposition Universelle de Londres, le Dr Hunte, de Madras, avait exposé des échantillons très remarqués de gros cordages, cordes, ficelles, et de papiers de diverses qualités fabriqués avec les graines et les feuilles de bananier.

Dans les Antilles, et particulièrement à la Jamaïque, l'abondance extraordinaire des bananiers a fait également étudier la question de son emploi comme textile.

Il ne semble pas qu'on ait encore trouvé un procédé véritablement économique d'extraction de la fibre du bananier, et l'on rapporte qu'il existe plus de 2 millions de troncs de bananiers inutilisés annuellement à la Jamaïque.

Néanmoins, la possibilité de tirer parti du bananier, à ce point de vue, reste certainement acquise.

Aux Indes, dans la Péninsule Malaise, dans les Iles de la Sonde, aux Philippines, à Formose, dans la Chine méridionale, tous les auteurs et voyageurs sont unanimes à signaler l'existence de cordages et d'étoffes de fibres de bananiers. Il s'agit de savoir si ces produits peuvent être fabriqués économiquement, de façon à pouvoir lutter contre les produits similaires connus. Peut-on décortiquer à bon marché et avec profit?

A cette heure, toute la question est là. Étant donné le nombre considérable de bananiers textiles qui se trouvent partout en Indo-Chine, le problème vaudrait la peine qu'on l'étudiât. Il peut y avoir là les éléments d'une industrie textile qui trouverait, sur place même, de très rapides débouchés, ne serait-ce que dans la fabrication des cordages, sacs et même dans celle du papier.

Le Jute. — C'est la grande richesse de Calcutta, qui est le grand marché exportateur de l'Extrême-Orient [1]. Il peut devenir demain une source de profits incalculables pour l'Indo-Chine.

A peu près analogue au chanvre français, le jute vient très bien dans toutes les terres, soit col-

1. Le marché de Calcutta enregistre, chaque année, un trafic, sur place, de 1.200.000 à 1.300.000 tonnes métriques de filasse de jute. 600.000 sont exportées. Le reste est utilisé par les industries locales.

La moyenne des prix est de 20 à 22 francs les 100 kilogrammes.

lines, soit rizières, inondées ou un peu arrosées. Il a avant tout besoin d'humidité. Sa tige atteint alors une hauteur de 4 m. 50 à 6 mètres.

C'est à tort que l'on a présenté le jute comme une plante fort épuisante, puisque le bois qu'il donne contient très peu d'éléments minéraux; il brûle comme de l'amadou, presque sans laisser de cendres.

Un terrain bien meuble, maintenu propre, afin que la plante y développe librement son pivot et ses racines latérales pourrait à la rigueur fournir, pendant longtemps, du beau jute, d'autant que cette culture est sur pied à l'époque où les pluies, fréquentes et abondantes, lui apportent quantité d'éléments de fertilité [1].

Mais, comme il s'agit d'obtenir une croissance très considérable en fort peu de temps, il est pratique de donner des fumures très assimilables : cendres, fumier frais, engrais humains, qui fournissent des rendements maxima.

Pour la fumure, il faut considérer quelle culture on fera après le jute : s'il s'agit de rizières, les cendres sont tout indiquées. Au contraire les fumiers d'étables, de porcheries et les détritus conviendront pour les terrains que l'on voudrait

1. *Notice sur la culture du jute*, par M. E. Duchemin. Imprimerie Gallois, Haïphong, 1903.

planter en patates ou en maïs, alors qu'ils nuiraient à la rizière.

Le jute pourrait être cultivé dans toutes les provinces fertilisantes et humides du Bas-Delta. Des essais ont été faits à Nam-Dint et ont parfaitement réussi. Il faudrait maintenant les étendre. Les indigènes décortiquent le jute à sec en lanières avec un simple couteau. Les lanières ainsi obtenues sont très résistantes ; vendues sur les principaux marchés du Tonkin, elles servent à la confection des hamacs et des cordes.

Sa culture facile et à la portée de tous, son rendement rapide, sa faculté de résister aux inondations prolongées, même à celles qui détruisent les cultures de riz, de maïs, de ricin, enfin ses débouchés presque illimités — fabrication des sacs, toiles, ficelles, étoffes d'ameublement, tapis, moquettes, etc., etc. — font du jute une culture susceptible de contribuer puissamment au développement économique du Delta. Ce qui est utilisable dans la tige ce sont précisément les fibres qui, sous une écorce gommeuse, courent dans toute la longueur. Encore ici, — et chaque fois qu'il sera question des textiles, on se heurtera aux mêmes difficultés — il s'agit, avant tout, de trouver la meilleure méthode pour la décortication et surtout la décortication à bon marché. Cette opération est délicate et exige une surveillance de tous les instants pendant le séjour des tiges dans l'eau. Le degré de décomposition de la cellulose varie suivant que l'eau est stagnante ou courante. Il faut retirer les tiges à temps donné. Un trop court séjour rendrait plus difficile le défibrage ; un trop long séjour amènerait, par contre, une décomposition susceptible d'endommager les fibres. Or l'indigène, assez insouciant, est mal préparé pour ce travail qui veut de la patience et du coup d'œil. Il y aura lieu de faire son apprentissage et son instruction.

Le jute, cultivé en Indo-Chine, pourrait trouver un débouché naturel et immédiat dans la fabrication des sacs grossiers qui servent, en si grand nombre, au transport des riz indo-chinois et aussi des poivres, du coprah, etc., etc. Les sacs employés aujourd'hui viennent de Calcutta. Les deux sortes les plus usitées à Saïgon, soit le Heavy C de 40 pouces anglais sur 28 et pesant 2 livres un quart (1 mètre sur 0 m. 70 — 1 kilogramme), et le Light C (de mêmes dimensions, mais ne pesant que 0 kil. 906) ont varié, sur le marché de Calcutta, en 1900 (au change de 1 roupie = 1 fr. 70) le Heavy C de 37 à 44 francs les 100 sacs, et le Light C de 36 à 42 francs.

Ces mêmes qualités valaient, vers le milieu de 1900, sur le marché de Saïgon (Cholon), les Heavy C — 19 (soit au change de 1 $ = 2 fr. 50 :

47 fr. 50) et les Light C, une piastre de moins (45 francs) les 100 sacs.

Or, on estime que la Cochinchine et le Cambodge seuls consomment de 10 à 15 millions de sacs de jute par an. On voit tout de suite les débouchés locaux qu'aurait déjà l'industrie du jute, en attendant son expansion forcée au dehors.

Amiante ou Asbeste ou Byssolite ou Coton minéral. — C'est un composé de silicate double de chaux et de magnésie que l'on trouve en touffes floconneuses ou en filaments dans les veines de certains calcaires. Fusible au chalumeau, l'amiante a un aspect grisâtre à reflets métalliques et s'étire en fils dans un sens perpendiculaire à son lit.

On le rencontre aussi dans les anfractuosités rocheuses. D'utilisation toute récente, ses applications sont de plus en plus étendues. On en fait des mèches incombustibles, des tissus qui résistent également à la flamme. On le mélange à l'argile pour donner aux poteries plus de ténacité, et de la légèreté. Depuis peu, par compression on en a obtenu des plaques pouvant remplacer les tuiles.

On a trouvé de l'amiante dans les environs de Cao-Bang, mais la grossièreté de ces minéraux, dont les fils n'étaient pas suffisamment soyeux, ni assez longs, n'a pas permis de le faire apprécier. Le jour où l'on se livrera à des recherches sérieuses, on le rencontrera, en abondance, dans toute l'Indo-Chine. Et là encore se trouvera une source nouvelle de productions pratiques et de débouchés industriels.

Il résulte de tout ce qui précède que l'Indo-Chine est éminemment favorable à la culture des textiles. Reste la question de la décortication des fibres. Évidemment, tout le problème est là et il ne faut pas s'en dissimuler l'importance. Il s'agit, à cette heure, de produire vite et à bon marché. Il s'agit de donner, d'autre part, à l'indigène le moyen pratique d'utiliser facilement les fibres. Suivant des bruits récemment rapportés de Manille et d'Amérique [1], on aurait trouvé la machine susceptible de donner ce double résultat. Si cela est, et il n'y a pas de raisons pour que cela ne soit pas, l'utilisation de la ramie, de l'abaca et du jute est désormais possible. Or, nul pays — et sur ce point, la démonstration est aujourd'hui acquise — n'est et ne peut être mieux placé que l'Indo-Chine pour tirer parti de cette nouvelle invention, qui peut devenir la source d'une puissante industrie. La matière première est inépuisable, les débouchés nombreux, les dépenses — après celles nécessitées par l'achat et l'installation de la machine — à peu près nulles, la main-d'œuvre déjà familiarisée, les profits lar-

1. La *Rangoon Gazette*, dans son numéro du 16 mars 1903, donnait la chose comme un fait certain.

gement rémunérateurs. Rival avantagé de l'Inde, le Tonkin peut en très peu d'années lui disputer le marché de l'Asie. L'indigène pourra peut-être se montrer réfractaire au début. On va heurter ses traditions, ses préjugés, son mode de travail. Il sera dérangé dans des habitudes où il se complaît. Mais s'il voit que l'œuvre est durable, que la tentative est sérieuse, qu'il y a tout bénéfice pour lui à la favoriser, il aura vite fait le sacrifice de sa mare, où il pêchait avec tant d'amour la crevette et où il baignera désormais les fibres de jute. Car celles-ci, en colorant l'eau, tuent le poisson, ce qui attriste son âme. Mais s'il réfléchit, par ailleurs, qu'il pourra les utiliser sur le champ, grâce à la machine qui fonctionne à côté, il ne manquera pas de s'apercevoir qu'elles lui rapporteront, tôt ou tard, plus que ne pourront jamais lui donner ses crevettes, si jolies soient-elles. Et ce raisonnement aura raison de ses dernières faiblesses au souvenir d'un passé auquel il est resté si longtemps attaché.

CHAPITRE IV

Autre source de richesse pour l'Indo-Chine. — La culture du mûrier et l'industrie de la soie. — L'Annam pourrait devenir un des premiers pays séricicoles. — Magnaneries et filatures. — Quelques chiffres. — Possibilités d'avenir.

Après avoir parlé des plantes textiles et avoir montré le profit industriel qui peut résulter pour l'Indo-Chine de leur culture largement pratiquée, il nous faut dire maintenant quelques mots d'un problème, en rapports constants avec les précédents, dans l'œuvre économique à réaliser : nous voulons parler du problème séricicole.

Il ne s'agit pas ici, comme pour les textiles, de création nouvelle, d'expériences ou d'essais, mais d'utilisation de ce qui est, de ce qui a toujours existé, de ce qui a toujours constitué une des richesses premières de la vieille terre d'Annam. La culture du mûrier et l'industrie de la soie existent, en effet, en Indo-Chine depuis des temps immémoriaux. Si l'on en croit les récits de certains auteurs, lorsqu'après la guerre de Taï-Son et la disparition des Châms, les Annamites vinrent occuper ce pays, ils trouvèrent des magnaneries et des plantations de mûriers toutes installées. D'ailleurs, descendus du nord, ils connaissaient déjà l'utilisation du ver à soie que les Chinois leur avaient sûrement enseignée.

Il y a également tout lieu de croire que les Châms tenaient leurs connaissances des Chinois eux-mêmes et qu'ils n'avaient fait que mettre en pratique les leçons qu'ils en avaient reçues.

On n'est pas autrement fixé sur l'origine du ver à soie qui, au dire des indigènes, constituerait une race aborigène. Cette prétention ne paraît guère soutenable, car si cela était, il serait étrange qu'il ne se trouve pas une espèce de ver, particulière au pays, vivant à l'état sauvage et que l'on aurait remarqué à la suite des recherches qui ont été faites. On ne peut en effet, ranger parmi les vers à soie une chenille spéciale au pays d'Annam, que l'on rencontre dans les montagnes et qui fournit une espèce de cocon, tantôt blanc, tantôt jaune. Cet insecte est beaucoup plus grand que le ver à soie connu, et son cocon plus volumineux. Il diffère, en outre, complètement de mœurs, et au lieu de recourir au mûrier pour se nourrir, se contente de la nourriture des feuilles de quelques arbres de forêt. On est assez disposé à admettre aujourd'hui que la race annamite a été importée en Chine, il y a sans doute plusieurs siècles. Les sujets se reproduisant toujours entre eux sans que l'on ait jamais songé à établir le moindre croisement, il en est résulté un appauvrissement et une dégénérescence presque complète. Il importe, dès lors, si l'on ne veut pas que la race soit vouée à un dépérissement absolu, de pratiquer de sérieux croisements avec celle de Chine ou du Japon, et aussi de se livrer à une sélection microscopique sévère, quelques sacrifices qu'il en doive coûter au début.

Tout l'avenir de l'industrie séricicole en Indo-Chine est là, on l'écrivait dès 1883 [1]. On ne saurait encore trop le répéter ; à cette heure, tout le problème consiste :

1° A modifier la culture du mûrier et à introduire des espèces nouvelles en arbres.

2° A régénérer la race actuelle des vers à soie par un hivernage artificiel bien entendu et parallèlement à ces essais, à faire des croisements avec d'autres races, en recourant de préférence à des

1. Rapport de M. Ogliastro à la Chambre de commerce de Saïgon.

races nouvelles auxquelles on conserverait leur caractère par l'hivernage artificiel des semences.

Dans toutes les provinces du Tonkin et de l'Annam[1], partout en Indo-Chine, on pratique, à des degrés différents, il est vrai, la culture du mûrier, l'élève des vers à soie et le filage des cocons. On ne peut, pas plus du reste que dans toute autre évaluation, exactement estimer la production de l'Indo-Chine. On ne pourrait y arriver qu'en établissant avec précision, pour chaque province, la superficie des terrains cultivés en mûriers. Et c'est précisément là qu'est la difficulté. Car les déclarations que l'on peut obtenir à ce sujet des mandarins, chefs de canton ou de villages, sont rarement conformes à la réalité. On peut toutefois, en restant dans le domaine des approximations, estimer à 35 kilogrammes de soie grège le rapport d'un hectare de terrain planté de mûriers. Si l'on avait, par conséquent, le chiffre des superficies consacrées à cette culture, il suffirait de le multiplier par 35 pour avoir le rende-

1. A la suite d'une étude plus attentive faite en Annam, on a pu établir une classification, sinon rigoureuse, du moins approximative. C'est ainsi qu'on a pu diviser le pays en trois régions : 1° Région à culture très développée : provinces de Quang-Nam, de Bin-Dinh et de Phu-Yen ; 2° région à culture médiocre : provinces de Thanh-Hoa, de Nghê-An, de Quang-Ngai et de Quang-Diu ; 3° région à la culture presque nulle : provinces de Ha-Tinh, de Quang-Binh, de Quang-Tri, de Nha-Trang et de Binh-Thuên.

ment total pour l'Indo-Chine de la production de soie grège. Sur ce point les données précises manquent encore.

D'après les calculs les plus récents, faits à la suite des enquêtes les plus minutieuses et du contrôle le plus rigoureux, on évalue de 300 à 400.000 kilogrammes la moyenne de soie grège produite annuellement par l'Annam. Le Tonkin présente un chiffre sensiblement égal. Et ce résultat est des plus appréciables si l'on songe que, d'une part, le mûrier est appauvri par un long bouturage et une culture précaire et que le ver à soie, d'autre part, est dégénéré par une reproduction incessante, faite au hasard, sans méthode et sans soin.

Le cocon, de forme ovoïde et irrégulière, est formé d'un tissu lâche, floconneux, sans résistance, rappelant un peu les premiers fils que le ver français jette autour de lui pour se fixer sur la bruyère avant de filer son cocon. On estime qu'il n'a que le quart de la richesse en soie des cocons communs [1].

Que dire aussi de la méthode rudimentaire suivie par les Annamites et des procédés de fabrication. Ceux-ci filent les cocons dans des bassines à feu. La soie s'enroule en un petit dévidoir et mal-

1. Son rendement en filature est de 20 à 22 kilogrammes de cocons frais pour 1 kilogramme de soie grège.

gré ces insuffisances de préparation, le produit obtenu est d'assez bonne qualité, la soie d'Annam en particulier, pour que les petites industries locales puissent s'en servir. Le marché français toutefois n'a pas encore pu l'utiliser, tant elle est restée défectueuse [1] et difficile à manier. Et l'on ne peut que le regretter, car la France tributaire de Canton et du Bengale, eût pu être, depuis longtemps, un débouché tout naturel pour la sériciculture indo-chinoise. Il faut donc agir sans retard, car l'amélioration de la filature annamite profitera tout à la fois à la colonie dont elle augmentera la richesse au point de vue agricole, commercial et industriel, et à la métropole. Et, en même temps qu'elle fournira aux négociants français un nouveau centre d'achat pour des soies qu'ils sont obligés d'acheter hors de France, elle procurera aux navires d'Extrême-Orient un complément appréciable de fret de retour.

Il n'existe pas, à proprement parler, de marchés spéciaux, en Indo-Chine, pour l'écoulement de la soie. Quelques rares quantités en cocons, soie grège ou tissée, apparaissent, de temps à autre, dans quelques centres importants où elles servent d'échange

1. La soie d'Annam est quelquefois comparée à la soie de Canton. Elle s'en différencie toutefois, car le marché français, qui absorbe annuellement plus d'un million de kilogrammes de soie cantonaise, n'a pu encore se décider à accueillir celle d'Annam.

avec les produits que les peuplades moïs viennent y livrer. Les Chinois font des achats à domicile, mais le plus grand nombre de producteurs portent leur récolte chez le tisserand, soit pour en obtenir des vêtements à leur usage, soit pour lui en faire sur place la vente ou l'échange.

L'exportation est, en réalité, tout entière dirigée par les Chinois, que l'on peut voir, à certaines époques de l'année, parcourir les villages et acheter, au jour le jour, toutes les quantités, petites ou grandes, qu'ils rencontrent. Ils dirigent ensuite leurs expéditions soit sur Hong-Kong, soit sur Saïgon. Une partie toutefois de la soie produite par les Annamites, en particulier la bourre de soie et la soie grège, est acheminée sur les marchés de Binh-Dinh, d'où elle s'écoule rapidement dans tout le pays. Car l'Annamite apprécie les étoffes de soie et ne recule pas devant le prix. C'est ainsi que les tisserands, pour répondre au goût des indigènes, sont arrivés à donner à leurs étoffes des nuances variées et toujours éclatantes. Dans bien des cas même, ils n'ont pas hésité à recourir à l'aniline. Mais les couleurs ne sont pas fixées. Elles ternissent à la longue et disparaissent même, soit par l'exposition à la lumière vive du jour, soit au lessivage. Et, chose plus singulière, les étoffes de soie fabriquées par les procédés annamites ne sont pas susceptibles d'être teintes en

France. Les raisons données sont de deux sortes. Les uns affirment que ce défaut provient de l'apprêt spécial usité dans le pays, et sur lequel les mordants chimiques n'ont pas d'action. D'autres l'attribuent à l'insuffisance du dévidage et à la présence d'enduits glutineux ou gommeux imparfaitement enlevés.

Il convient d'observer que toute la soie que les Annamites produisent et utilisent pour leurs besoins personnels, n'est pas toute due au dévidage des cocons. Une grande partie est d'origine végétale; elle provient, dans ce cas, du duvet qui enveloppe les graines de certaines plantes d'espèce textile. On en fabrique également avec la fibre d'aloès. Cette dernière est la plus répandue. Il est encore un textile, sorte de sansevière, très commun sur les bords des chemins et très employé en Annam, où il sert à la fabrication de certaines soies de qualité très secondaire, que l'on peut rencontrer dans quelques maisons de Quin-hon.

Il est bon d'ajouter que l'Annam et le Tonkin réunissent des conditions climatériques qui les destinent à devenir une des régions les plus riches de tout l'Extrême-Orient pour la culture du mûrier et l'éducation des vers. Au Tonkin, en effet, la feuille du mûrier pousse avec une rapidité exceptionnelle et permet de faire quatre et jusqu'à cinq élevages dans la même année. On ne saurait donc trop s'appliquer à favoriser cette culture, à améliorer les procédés employés et à perfectionner l'outillage. Les magnaneries sont en effet installées dans des conditions les plus défectueuses. L'Annamite, sur ce point, est tout à fait inexpérimenté[1]. Les vers à soie ne sont jamais à l'abri des variations brusques de température ou des intempéries de l'air. Il en résulte une grande incertitude dans la production, dont on ne peut jamais préjuger l'importance et par conséquent déterminer la valeur. Quant aux instruments en usage dans les filatures annamites, ils sont vraiment d'un primitif achevé. La description en a trop souvent été faite pour qu'il y ait lieu d'y revenir, et l'on ne peut que s'étonner des résultats auxquels, néanmoins, on arrive. Avant tout, il y aurait à faire l'éducation séricicole de l'indigène. Il est à craindre que l'on n'ait, sur ce point, à lutter contre des habitudes séculaires, des procédés invétérés, des préjugés fanatiques et des résistances locales. Peut-être arriverait-on à vaincre plus aisément ces difficultés en instituant des primes qui seraient distribuées à ceux qui apporteraient le plus de zèle et d'intelligence dans l'application des mesures nouvelles, soit à la cul-

1. C'est pour aider à son éducation que le Gouvernement général avait créé à Nam-Dinh une magnanerie modèle.

ture des mûriers, soit à l'éducation des vers à soie, soit à l'utilisation des cocons.

Nous n'hésitons pas à le dire. Avec les avantages de toute nature qu'offre l'Indo-Chine pour le développement de la sériciculture, l'industrie de la soie, le jour où des méthodes modernes et des machines européennes seront mises à la portée des indigènes, peut, par sa production d'abord et, plus tard, par sa qualité, devenir une des grandes manifestations économiques de la colonie. Le terrain est tout préparé. Que nos industriels y apportent leur intelligence, leurs connaissances pratiques, l'outillage nécessaire et aussi, et surtout — devrait-on dire — leurs capitaux, et l'on verra, en quelques années, le marché indo-chinois devenir, pour la soie, un des premiers du monde entier. Tous les éléments de vitalité se trouvent rassemblés là. Peut-on, en effet, citer un pays où le mûrier soit aussi répandu et se développe dans de plus belles conditions et où la main-d'œuvre soit aussi abondante, en même temps, qu'habile, compétente et à bon marché?

CHAPITRE V

Travaux d'irrigation et d'assèchement. — Difficultés et controverses. — Comment se pose le problème. — L'irrigation du Delta. — Ses conséquences.

Une des questions les plus controversées à cette heure est certainement la question des irrigations. Prônée par les uns, attaquée par les autres, elle retient et occupe l'opinion. Elle est loin pourtant d'être nouvelle. Elle a déjà fait couler des flots d'encre et, malgré tout ce qu'on en a pu écrire, elle n'est pas encore près d'être résolue. C'est que sur ce point, plus peut-être que sur beaucoup d'autres, apparaît avec la force de l'évidence, l'erreur — peut-être inévitable — qui a été commise en Indo-Chine, dès le début de notre occupation, et qui est et sera pendant longtemps encore, une cause de faiblesse, de gêne et de retard dans la grande œuvre de colonisation qui est encore à faire.

L'erreur a consisté à vouloir faire trop vite, à vouloir agir avant de savoir, à décider avant de connaître, en un mot à vouloir commencer la mise en valeur, l'appropriation avant qu'un inventaire général ait été dressé, avant qu'on ait eu le temps de parcourir le pays, de se renseigner sur le genre de vie des habitants, leurs mœurs, leurs habitudes, leurs besoins, et aussi sur ce qui existait déjà et sur le parti que l'on en pouvait tirer dans l'œuvre à entreprendre.

Deux choses s'imposaient quand nous nous sommes établis définitivement en Indo-Chine et auraient dû passer avant toute autre considération : dresser la triangulation du pays; établir un cadastre.

C'étaient là deux instruments indispensables de pénétration, deux documents de précision et de certitude, deux bases infaillibles d'édification et d'amélioration.

C'est pour avoir ajourné ces deux mesures, c'est pour avoir voulu entreprendre sur-le-champ de très grands travaux, sans enquête préalable, sans étude lentement mûrie, sans certitude que l'on répondait à des besoins ou à des nécessités reconnues, que cette œuvre, à peine ébauchée, s'est heurtée à toutes sortes de difficultés, à toutes sortes de surprises, qui en ont retardé l'achèvement.

Nombreuses sont les raisons données pour expliquer cette hâte, cette fièvre, devrait-on dire, et il sera toujours bien difficile à tout esprit impartial de ne pas les admettre. Car il ne faut pas juger le passé sur le présent, ni croire que ce qui paraît facile et réalisable aujourd'hui l'était autant il y a quelques années. Il s'est trouvé un moment dans l'histoire de l'Indo-Chine française où il a fallu agir sous peine d'étouffer, où il a fallu prendre des résolutions sans avoir pu au préalable rassembler toutes les données qui eussent peut-être été nécessaires et que l'on n'a pu obtenir par la suite. Et dans le domaine des irrigations plus que partout ailleurs, on a été exposé, par voie de conséquence, à des tâtonnements et à des à-peu près.

Lorsqu'on examine le problème des irrigations, il est bien rare qu'on ne l'envisage pas au point de vue de l'Indo-Chine tout entière. C'est tomber dans l'écueil que nous venons de signaler. Avant de songer à faire des irrigations ou simplement d'en étudier la possibilité, il est de toute nécessité que l'on connaisse d'abord le nivellement du pays où l'on veut les entreprendre. Or cette étude préliminaire n'est pas complètement faite. Elle demandera encore de longues années. Il faut donc attendre d'avoir une carte géodésique exacte et précise de l'Indo-Chine pour pouvoir examiner la question dans son ensemble. A cette heure, la triangulation seule du Delta est achevée. C'est, on le sait, l'une des parties les plus riches, les plus peuplées, les plus fertiles de l'Indo-Chine. Pour cette partie de la Colonie, le problème peut donc nettement se poser; c'est celui qu'il faut dès lors aborder, et circonscrit seulement à la superficie du Delta, il n'en est pas moins encore des plus intéressants et des plus importants [1].

Le Delta représente, en effet, un million d'hectares, presque tous en rizières. Sa population, très dense, est concentrée dans les villages, très nombreux, disséminés un peu partout, et reliés entre eux par des digues de différentes largeurs. C'est

1. Tout un programme de travaux hydrauliques avait été dressé, un moment. Il comportait :

1° Dans les provinces d'Hanoï, Bac-Ninh et Hung-Yen, un réseau de canaux permettant l'irrigation de plus de 100.000 hectares. La dépense était évaluée à 5 millions de francs.

2° Dans la région de Kep et de Voï, la construction d'un barrage sur le Song-Thuong, à Caû-son, et d'un canal d'amenée. Environ pour 675.000 francs.

3° Dans la province de Vinh-Yen, l'établissement d'un barrage sur le Long-Pho-Day, en vue de l'irrigation d'une surface de six mille hectares.

L'exécution de ce programme exigeait un délai de dix ans. Les dépenses qu'il eût nécessitées devaient être imputées d'abord sur les fonds de l'emprunt de 80 millions et ensuite sur les crédits inscrits annuellement au budget.

A la suite d'un examen plus approfondi, il n'a pas paru que ce programme répondît, en son entier, aux besoins les plus immédiats.

aussi la partie la plus arrosée qui soit, grâce aux fleuves et aux arroyos qui la sillonnent en tous sens et qui rompent l'inévitable monotonie de l'immensité verte. C'est d'abord le Fleuve-Rouge, au débit irrégulier et au cours sinueux, et ses tributaires le Day, le Song-Calo, le Song-Cau, le Thai-Binh, le Song-Kinh-Thai, pour ne citer que les plus importants. Il y a encore le canal des Rapides et tout un faisceau de rivières transversales, les unes et les autres bordées de digues, destinées à protéger les rizières contre les crues. La hauteur de ces digues est essentiellement variable. A peine élevées dans le bas Delta, elles atteignent des dimensions considérables dans la partie supérieure où il n'est pas rare de voir des crues s'élever jusqu'à 9 mètres. Toutes les terres sont orientées suivant une pente générale, mais très irrégulière, allant du sommet du Delta vers la mer. Cette pente est, à vrai dire, à peine sensible, car le sommet proprement dit, qui est à plus de cent kilomètres de la mer, est à quelques mètres au-dessus des hautes mers, 4 ou 5 tout au plus. C'est plutôt une inclinaison qu'une pente. Ainsi s'expliquent l'insalubrité des régions basses et les difficultés rencontrées dans leur assainissement.

Quand on dit que le Delta est une des plus riches régions de l'Indo-Chine, il faut entendre au point de vue de la culture du riz. On y fait, en effet, deux récoltes normales par an. Cette particularité est devenue une règle dans les rizières du bas Delta, plus particulièrement favorisées. Les casiers y sont presque tous entourés d'arroyos qui, grâce au jeu des marées, peuvent écouler en été, à basse mer, le trop-plein de leurs eaux pluviales et profiter, au contraire, l'hiver des hautes mers pour laisser remonter l'eau dans leurs canaux d'alimentation.

Ces deux récoltes se font à des époques à peu près invariables. La première a lieu en juin, c'est la récolte d'hiver. On la désigne sous le nom de récolte du 5e mois, l'année annamite commençant au mois de février. La seconde se produit au mois de décembre. C'est la récolte d'été. Elle est connue sous le nom de récolte du dixième mois. Celle-ci est de beaucoup la plus importante, car elle se pratique sans exception non seulement dans tout le Delta, mais aussi dans toute l'Indo-Chine. C'est elle qui fait vivre la colonie tout entière. C'est la grande bienfaitrice. Si elle vient à faire défaut, soit par suite de sécheresse, soit par suite d'inondations, dues à la rupture des digues, il peut en résulter de véritables catastrophes. Car avec le caractère insouciant de l'indigène, il ne faut pas compter qu'il fasse jamais la moindre réserve. C'est donc, en cas de disette, une population de plusieurs millions d'êtres humains, irrémédiablement condamnée à mourir de faim. Et ces calamités sont d'autant plus épouvantables que l'on est impuissant à les prévenir ou à les arrêter. Peut-on lutter contre la sécheresse et y a-t-il un moyen d'empêcher le riz, calciné par un implacable soleil, de pourrir sur la tige [1].

Tout le monde a encore présente à l'esprit, en Indo-Chine, la terrible disette qui désola l'Annam, il y a quelques années à peine et en particulier la province de Quang-Tri. La sécheresse fut telle que non seulement la récolte du riz, mais toutes les autres récoltes furent anéanties. Les habitants réduits à manger des racines tombaient d'inanition sur les routes. En vain multiplia-t-on les secours, en vain envoya-t-on du riz des provinces avoisinantes. Rien n'y fit.

La misère était trop grande, le désastre trop général. Et les habitants, condamnés à une longue privation, ne moururent plus faute de nourriture, mais des suites d'un jeûne épuisant. Et longtemps, le voyageur put voir sur les routes

1. Il y aurait toutefois, je n'oserais pas dire un remède, mais une atténuation à de pareils fléaux, dans l'établissement de grands magasins de réserve où l'administration, plus prévoyante que l'indigène lui-même, lui constituerait des provisions qui empêcheraient la famine.

suivies par les indigènes, les cadavres des malheureux, lentement terrassés par la mort.

Il est rare que l'on ait à craindre de pareils désastres pour la récolte du cinquième mois. A vrai dire, le bas Delta seul la pratique. Elle se fait par suite sur une moins vaste échelle. Les terrains bas gardent d'ordinaire pendant la saison sèche hivernale assez d'eau pour que le riz puisse germer et se développer.

Ainsi donc le Delta peut se diviser en deux grandes régions : le bas Delta où l'on arrive à faire la récolte d'hiver et la récolte d'été ; le haut Delta où l'on ne fait que la récolte d'été.

Il convient d'ajouter une région intermédiaire, située dans les terrains bas, qui pourrait être rangée dans la première, si l'on y pouvait également pratiquer régulièrement la récolte d'été. Malheureusement, les terrains sont à cette époque complètement noyés, la plupart des cours d'eau qui les limitent étant en crue pendant toute la saison chaude. Il faudrait, d'une part, de très grands travaux pour faire des assèchements avant la fin des crues, ce qui assurerait la deuxième récolte et, d'autre part, pour ne pas compromettre de ce fait la première récolte, y entreprendre une irrigation d'hiver.

De ce qui précède, découle l'ensemble de travaux qu'il y aurait à faire pour obtenir d'un pays, merveilleusement servi par la nature, le maximum de rendement.

Le problème se ramène, en effet, à assécher d'une part et à irriguer de l'autre. Assécher, comme nous venons de le voir, les terrains bas inondés l'été afin de leur permettre de faire les deux récoltes, celle d'été et celle d'hiver. Irriguer, en vue d'assurer, en tout temps, la récolte d'été et aussi pour favoriser, sur certains points qui ne peuvent encore l'obtenir, la récolte d'hiver.

Toutefois, pour ce qui est de la régularisation des deux récoltes annuelles dans tout le Delta, il résulte d'une enquête très sérieuse faite récemment, que cette conception présenterait plus d'inconvénients que d'avantages, en ce sens que la continuité des deux récoltes finirait par appauvrir la terre et, finalement, par compromettre la qualité du riz. Aussi a-t-on à peu près renoncé à en poursuivre la réalisation. Et c'est sagesse. Du reste, sur ce point, le sentiment des indigènes, mieux placés que qui que ce soit pour en bien juger, n'a jamais varié. Il a toujours été nettement défavorable.

Mais si l'on considère que la récolte d'été est la seule qui fasse véritablement vivre les populations du Delta, on est alors amené à reconnaître que tout l'effort doit porter sur les travaux d'irrigation qui auront pour effet de régulariser cette récolte.

Cette régularisation aurait, — si l'on en croit les dernières études faites — pour résultat certain une augmentation du cinquième du produit total de la récolte. Si l'on admet que la récolte moyenne est de 9 piculs [1] de paddy par mâu, soit 27 piculs par hectare, et si, d'autre part, on évalue à une piastre et demie le prix moyen du picul, on voit que l'augmentation du rendement par hectare serait de :

1/5 27 × 1,50 = 8 $ 10 = 16 fr. 20.

Le problème est cependant beaucoup plus complexe qu'il ne paraît tout d'abord, et il ne faut pas perdre de vue que, dans la grande généralité, si l'on ne veut pas aggraver la situation des terrains bas, ces travaux d'irrigation devront être complétés, — il vaudrait mieux dire précédés, — surtout lorsqu'ils intéresseront une vaste surface, par des travaux de dessèchement permettant d'évacuer l'eau en excès.

Nombreux sont les projets qui ont été présentés en ces dernières années, en vue d'arriver à assurer, par des irrigations partielles, la régularisation de la principale récolte du Delta, c'est-à-dire, en l'espèce, du Haut Delta.

1. Un arrêté du gouverneur général a récemment fixé à 80 kilos la représentation légale du picul.

Les uns ont, par exemple, proposé d'établir de grands barrages au sommet du Delta afin de permettre la distribution, partout où besoin serait, des eaux du Fleuve-Rouge ; d'autres, d'alimenter les réseaux de canaux à l'aide de machines élévatoires, placées sur différents points du même fleuve. Des compagnies concessionnaires furent, un instant, instituées. Des essais furent même tentés. L'échec fut à peu près général. A cette heure, le problème reste entier. Certes, il est singulièrement délicat et compliqué et ce qui paraît aisé en théorie offre, — il faut bien en convenir, — dès que l'on entre dans le domaine pratique, de singulières difficultés.

Il est une idée en tout cas qui semble aujourd'hui irrémédiablement condamnée, c'est celle qui consistait à vouloir faire payer par les indigènes, sous forme de redevance, l'eau qui leur aurait été distribuée. Il faut vraiment ne pas connaître le caractère du paysan annamite pour s'imaginer qu'il paiera quoi que ce soit pour avoir de l'eau. A-t-il besoin de cette eau ? « Non, » répond-il. Comment alors espérer la lui faire payer ? Comme il ne se plaint pas de manquer d'eau, que son optimisme ne se dément jamais, il ne demande, à vrai dire, qu'à cultiver et à arroser comme ses ancêtres ont fait, comme lui-même a fait jusqu'à ce jour.

Il y a donc lieu de trouver autre chose, car sur

ce terrain, il ne faut pas compter que l'indigène entende jamais raison. Une suggestion a été présentée dans ces derniers temps.

Pourquoi, s'est-on demandé, ne ferait-on pas participer les indigènes aux dépenses à l'aide de l'impôt foncier, variable, on le sait, suivant la classe des terrains, et que l'on augmenterait par un déclassement raisonné des rizières irriguées [1]. D'une façon générale, on peut dire que les Annamites sont décidément hostiles aux travaux d'irrigation. Consultés sur leur utilité, ils répondraient négativement, avec un ensemble parfait, d'abord par insouciance, puis aussi par peur d'avoir finalement à payer une dépense dont l'importance ne leur échappe pas. On donne quelquefois une autre raison à leur opposition, la superstition, entretenue par les pronostics testamentaires du

1. C'est ce qui a été fait aux Indes et en Egypte. Le rapport de l'impôt foncier, comprenant les taxes d'irrigation pour l'usage libre de l'eau des canaux et du produit brut moyen des terres, est :

INDES NÉERLANDAISES (Java et Madoera).

Pour toutes les cultures. . . . . 20 pour 100

HAUTE et BASSE ÉGYPTE

Pour toutes les cultures (non compris les frais d'élévation mécanique de l'eau). 13 pour 100

INDES ANGLAISES (Madras).

Pour les rizières. . . . . 13,6 pour 100

TONKIN (Delta).

Pour les rizières. . . . . 4,15 pour 100

troisième régent d'Annam, Nguyên-Trong-Hiêp, divulguée à sa mort par ses fils.

Quoi qu'il en soit, et quelque hostilité que témoignent les Annamites, le problème ne peut pas être indéfiniment retardé. Il faut sortir de l'indécision et faire quelque chose. Convient-il de renoncer au projet de grandes irrigations portant sur tout le Delta, ou vaut-il mieux s'en tenir à des travaux de dessèchement, à une utilisation raisonnée de certains cours d'eau ou rivières ? Si l'on considère la difficulté d'une entreprise d'ensemble et les sommes considérables qu'il faudrait lui consacrer, la deuxième solution paraît préférable. Puisque nous avons limité l'effort à faire à la régularisation de la récolte d'été, si même cette régularisation n'était assurée que sur une fraction tant soit peu notable du pays, l'effort obtenu serait suffisant pour compenser les mauvais effets que pourrait donner une sécheresse sur d'autres parties.

Au surplus, il ne faut pas oublier que dans le Tonkin toutes les terres produisent largement ; il n'y aurait par suite qu'à améliorer ce qui existe. En revanche, il y a ailleurs des régions — la plaine des Joncs par exemple — où tout est inculte. Nulle part plus que là les travaux d'assèchement et d'irrigation ne seraient justifiés. Et rien ne serait plus utile ni plus urgent. Là, du moins, il n'y aurait pas à craindre la résistance des indigènes comme dans le Delta où, étant toujours assurés de leurs récoltes, ils n'ont rien à attendre des travaux d'assèchement.

Un premier pas vient d'être fait avec le canal de Xano, dont l'inauguration a eu lieu au mois de juillet dernier. Ce canal est le plus important travail de ce genre qui ait été exécuté dans la colonie depuis l'origine de l'occupation française. Sa longueur est de quarante kilomètres. Il mesure une largeur de trente mètres sur une profondeur de près de cinq mètres. Les déblais se sont élevés à 5.400.000 mètres cubes et la dépense à 3.800.000 francs. Les travaux ont duré deux ans et demi. Il relie un des bras du Mekong, le Bassac, par l'intermédiaire de son affluent, le Rach-Cantho, à l'une de ces rivières de Cochinchine qui sont presque des fleuves, le Rach-Cailon. Il va rapprocher d'une douzaine d'heures, tout au plus, de Saïgon, Rach-Gia, le chef-lieu de la riche province de ce nom.

Le canal de Xano n'est pas seulement une voie de communication, un organe de transport. Il est encore, disons mieux, il est surtout, un canal d'assèchement.

Dans la vaste presqu'île que forment, au sud de Saïgon, les provinces de Soc-Trang, de Bac-Lieu, de Cantho et une partie de celles de Mytho et de Tan-An, s'étend une vaste plaine. C'est la plaine des Joncs dont nous parlions plus haut. Elle vaut, en superficie, plus du tiers du Delta. Mais les terres en sont entièrement impropres à la culture, tant par suite des eaux stagnantes qui les recouvrent que par les principes alcalins qu'elles contiennent. Pour transformer ces plaines stériles et lamentables en belles et grasses rizières, il suffit — ainsi que l'expérience l'a démontré — d'y creuser des canaux pour ouvrir une issue aux eaux qui les recouvrent. Les pluies, si fréquentes en Indo-Chine pendant une partie de l'année, lavent ensuite les terres et les dépouillent, par une action continue, de tout élément nuisible. On assiste alors à un spectacle singulier. Les indigènes, attirés par un défrichement facile et exceptionnellement rémunérateur, s'établissent en nombre sur les terres nouvellement conquises. Le vert des rizières s'étend, comme une marée montante, sur les vastes étendues hier encore mornes et désolées.

Le canal de Xano, sur toute sa longueur, traverse la plaine des Joncs. Il faut qu'il devienne désormais l'artère principale d'où partiront, pour créer au loin dans les provinces, de nouvelles richesses, les canaux secondaires creusés par la main-d'œuvre prestataire, aidée des contributions des budgets provinciaux.

Le problème en tous cas est aujourd'hui posé. Il faut se décider et choisir. Ce ne sont pas les projets qui manquent. Peut-être même y en a-t-il trop. Et si l'on considère le peu de résultats pratiques auxquels on est arrivé jusqu'ici, on peut se demander s'il n'y aurait pas lieu de se souvenir davantage de ce qui a été fait dans cet ordre d'idées à Java, où d'admirables irrigations ont porté partout l'abondance et la fécondité. Pourquoi l'administration de l'Indo-Chine ne se renseignerait-elle pas auprès des ingénieurs hollandais et n'utiliserait-elle pas, le moment venu, pour le plus grand profit de la Colonie, l'expérience qu'ils ne pourraient manquer de lui apporter.

En attendant, des irrigations partielles ont été projetées, les plans sont faits. Allons toujours au plus pressé et exécutons d'abord ces premiers travaux. On pourrait ainsi, soit dans certaines régions du Tonkin, soit dans les vastes et riches plaines de l'Annam, en tirant partie des cours d'eau qui partout abondent, commencer certaines irrigations qui augmenteraient encore la force productive de ces régions, en même temps qu'en Cochinchine, on poursuivrait l'assèchement de la plaine des Joncs.

Certes, ce ne sont pas là des plans grandioses, mais ils n'en sont peut-être que plus pratiques, et si, d'une part, ils ne grèvent pas le budget, de l'autre, on peut être sûr qu'ils apporteront, partout avec eux, un peu plus de bien-être et un peu plus d'activité.

CHAPITRE VI

Matières premières et richesses minières. — Causes des retards apportés dans leur mise en valeur. — Ce qu'il y aurait à faire. — Gîtes métallifères et charbonnages. — Leur importance et leur rôle économique. — Vaste champ ouvert à l'industrie et aux exploitations agricoles. — L'avenir économique du pays servi par les qualités propres à la race annamite.

L'Indo-Chine est-elle un pays minier? Cette question, agitée déjà depuis plusieurs années, est aujourd'hui résolue, et résolue par l'affirmative. Toutes les recherches faites, toutes les expériences entreprises, toutes les enquêtes ordonnées, ont abouti au même résultat : à savoir que le sous-sol indo-chinois renfermait de très nombreux et de très importants gisements miniers. Bien avant notre installation en Indo-Chine, ces ressources minières étaient connues et exploitées, mais soit que les mines fussent dans les mains des indigènes, ou dans celles des Chinois, les travaux entrepris ou les fouilles opérées ne permettaient pas d'arriver, en dépit de quelques cas isolés ou d'exemples accidentels, à des conclusions bien nettes. Il semble bien, toutefois, que les premiers détenteurs de ces mines, dans le champ très restreint de leur exploitation, en aient su retirer de très grands profits, et l'on cite tel Chinois ou tel Annamite qui réalisèrent, de ce fait, de véritables fortunes. Si l'on en croit un vieux document relatif à la situation minière [1] de l'Empire d'Annam, vers la seconde moitié du siècle dernier, le nombre de mines, alors connues et exploitées, s'élevait à cette époque à cent trente-quatre, pouvant se répartir de la façon suivante :

Mines d'or	34
— de fer	38
— de nitre	20
— d'argent	14
— de cuivre	9
— de zinc	7
— de plomb	8
— de soufre	2
— de mercure	1
— d'étain	1
Total	134

1. Ce document était rédigé en chinois. On le découvrit après la prise de la citadelle d'Hanoï. Traduit en français, il fut publié il y a un peu plus de 20 ans.

Dans cette énumération ne figurent aucune des mines de charbon, de manganèse, et d'antimoine, dont l'existence est aujourd'hui reconnue, et qui devaient certainement l'être aussi à l'époque où ce document fut rédigé.

Il semble que, suivant en cela le mouvement qui porte tous les peuples, les Annamites aient, tout au début de leurs recherches, dirigé leurs investigations du côté des gisements aurifères. On en mit à découvert sur tous les points, à peu près, de l'empire, mais pour beaucoup tout se borna à de simples constatations. Le nombre des gîtes où l'effort fut suivi et continué est allé en diminuant chaque année. Il y a plusieurs raisons à ce fait. La première c'est que, quel que soit le bon marché de la main-d'œuvre, un travail comme celui-là exige des dépenses assez élevées et une première mise de fonds devant laquelle beaucoup reculent. La seconde, c'est que, jusque dans ces derniers temps, les moyens de transport ou d'accès n'existaient pas ou laissaient fort à désirer. Cela occasionnait, par suite, un surcroît de charges, de dépenses ou d'aléas qui faisaient hésiter les plus résolus. Suivant un relevé officiel publié en 1885, on comptait à cette époque seize mines d'or encore exploitées. « Le revenu de l'une d'elles, appelée Thanh-Da, dans la province de Cao-Bang, nous est inconnu. Les quinze autres rapportaient au Gouvernement Annamite, sans compter l'impôt de capitation des mineurs, cent cinquante-trois onces d'or. Deux de ces mines étaient exploitées en régie. Elles étaient situées : une à Bac-Ninh; cinq à Thaï-Nguyen; trois à Lang-Son; quatre à Cao-Bang; deux à Hung-Hoa et quatre à Tuyen-Quang. »

La plupart de ces exploitations, depuis lors, ont été abandonnées ou délaissées. Un instant, on a pensé qu'il y aurait quelque profit à recueillir les paillettes charriées, soit par le Fleuve Rouge, soit par la Rivière Claire, que l'on disait très riches en alluvions aurifères. Mais les tentatives n'ont pas répondu aux efforts. Faute de capitaux, toutes les exploitations jadis dirigées par les Chinois, et où des villages entiers parfois constituaient la main-d'œuvre nécessaire pour assurer le travail, passent, une à une, à l'état de souvenirs. Une exception doit être faite en faveur de la mine de Bong-Miù, située non loin de Fai-Foo, un petit port de la côte d'Annam, voisin de Tourane.

D'après certains renseignements recueillis sur place, au cours de cette année, cette exploitation serait actuellement en pleine activité. Voici, en effet, ce que l'on peut lire dans un document récemment paru : « Un premier système de filons orientés S.-O. à N.-E. est constitué par plusieurs couches minéralisées, dont l'épaisseur varie de

0 m. 80 à 2 mètres. Ce sont des quartz aurifères imprégnés de pyrite de fer et de galène, également aurifères. Un second système de filons croiseurs des premiers est orienté N.-O. à S.-E., mais cette fois avec présence d'arsenic. La société concessionnaire a commencé l'exploitation des filons non arsenicaux en 1896. »

« Elle a entrepris, au moyen d'une usine d'essai, le traitement complet des minerais par la cyanuration, et les résultats qu'elle a obtenus jusqu'à ce jour ont été assez satisfaisants pour qu'elle ait jugé utile d'augmenter l'importance de son usine de façon à pouvoir arriver à traiter, d'ici la fin de cette année, 50 à 60 tonnes de minerai par jour, soit de 18 à 20.000 tonnes par an. »

« La teneur moyenne de ces minerais est d'environ 14 grammes d'or à la tonne avec une proportion double d'argent, et les frais d'exploitation (y compris l'extraction, le roulage, le transport du minerai à l'usine, son traitement complet et tous les frais généraux) ne dépassent guère 15 francs par tonne. En admettant le chiffre très modeste de 3 francs pour le gramme d'or, on voit que ce chiffre de 15 francs par tonne correspond à une extraction de 5 grammes d'or par tonne, c'est-à-dire à peine 36 pour 100 de l'or contenu. Les essais les moins favorables ont accusé un rendement de plus de 53 pour 100, et l'on compte qu'avec les nouvelles installations et les différentes modifications que l'on apporte au traitement chimique du minerai, ce rendement s'élèvera en marche normale à 80 pour 100. »

« Le tonnage du minerai en vue, prêt à abattre tout de suite, a été estimé à plus de 745.000 tonnes ; c'est démontrer pleinement la viabilité de cette entreprise. »

Voilà donc une première expérience, tentée il y a près de sept ans, et qui paraît devoir donner avant peu des résultats sérieux.

Combien il est regrettable qu'il n'y ait pas eu d'autres essais, et surtout que l'on n'ait pas cherché, en présence des débouchés métallurgiques qu'offre notre colonie asiatique, à faire quelque effort du côté des mines de fer si abondantes, si riches, sur toute la surface indo-chinoise. On objectera la nécessité d'une mise de fonds parfois très élevée, et aussi le danger que peut rencontrer l'industrie métallurgique métropolitaine à trop favoriser l'éclosion, en Indo-Chine, d'établissements qui seraient comme autant de concurrents préjudiciables. L'argument ne résiste pas à une simple analyse des faits. En présence du développement que prend en Indo-Chine la construction de voies ferrées, de ponts, d'œuvres d'art de toute nature, quelle que soit la prospérité des établissements métallurgiques qui pourraient s'y monter, il faut bien se dire que jamais ils ne pourront suffire aux besoins de la consommation locale. On devra toujours recourir à la métropole. D'autre part, n'y a-t-il pas là, aux portes mêmes de l'Indo-Chine, un immense empire, la Chine, aux mines improductives parce qu'inexploitées, qui lui aussi est en plein développement économique et qui absorbera, pour la construction des immenses lignes de chemins de fer projetées, bien au delà de ce que l'industrie française pourra jamais lui fournir. Les craintes inspirées par la prétendue concurrence indo-chi noise ne doivent donc, et cela pour de très longues années encore, retenir nos industriels.

Il convient d'ajouter qu'en ce qui concerne en particulier la construction du réseau indo-chinois, le fret est tellement onéreux qu'il y aurait un avantage indiscutable à produire sur place au lieu d'importer, d'autant plus que le charbon peut se trouver également sur place et à bon compte. Il est, en outre, établi que les moyens de transport vont, en Indo-Chine, en s'améliorant chaque jour, tant au point de vue de la rapidité qu'au point de vue du prix, et que la batellerie peut encore rendre de très réels services. Enfin, il existe de très nombreuses mines de fer, dont la richesse est suffisamment établie, qui se trouvent aujourd'hui dans des conditions extrêmement favorables à l'exploitation. La main-d'œuvre est là toute prête, abondante, disciplinée et à très bas prix. C'est dire qu'on ne peut trouver des circonstances véritablement plus encourageantes, et qui sollicitent plus sérieusement l'attention de nos industriels.

Les mêmes observations s'appliquent aux mines de cuivre, très nombreuses, très riches, mais également abandonnées ou laissées aux mains des indigènes qui s'y livrent à une exploitation rudimentaire, et malgré tout rémunératrice. Elles abondent en particulier dans tout le bassin de la Rivière Noire, et elles ont longtemps enrichi les mandarins et les Chinois qui y étaient établis. Les plus importantes sont, dans cette région, celles de Van Say et de Van Linh, qui sont loin d'être épuisées, bien qu'elles aient été très longtemps exploitées. Il résulte des renseignements qui ont été recueillis à différentes reprises, que presque tous les gîtes connus sont extrêmement riches, et que rien ne s'opposerait, si un essor sérieux venait à se manifester, à songer à exploiter les minerais en Europe, au cas où, faute de capitaux suffisants, il ne serait pas possible d'installer des usines sur place.

Le gisement de Van Say, au dire des ingénieurs qui y sont venus, « est formé par une série de filons de 0 m. 80 à 1 m. 50 d'épaisseur, orientés

S. S.-O. à N. N.-E. et que l'on a reconnus sur une très grande étendue. Dans les parties non décomposées, les différentes sortes de minerais reproduisent à peu près toute la série des sulfures : chalcopyrite, érubescite ou phillipsite, chalcosine; dans les parties plus exposées aux agents externes, les minerais ont subi un commencement d'altération, qui a pu être plus ou moins profonde, et qui a peu à peu transformé ces sulfures en oxyde ou en carbonates; ceux que l'on rencontre le plus fréquemment sont : la cuprite, la malachite et l'azurite. — Dans les parties tout à fait décomposées, au contraire, le cuivre a fini par disparaître presque complètement, pour ne laisser que du fer sous forme d'une ocre jaune très friable, ou sous la forme d'un chapeau de fer stérile qui couvre les parties superficielles des filons, sur une épaisseur de 10 à 30 centimètres, et dont on trouve des débris à chaque pas.

» La gangue du minerai est constituée par des schistes plus ou moins ocreux, du quartz parfois aurifère, de la chlorite et de la dolomie, dont on pourrait très bien trouver l'emploi comme fondant ».

» Les différentes analyses faites ont donné des résultats assez semblables ; on peut les grouper de la façon suivante, d'après la nature de leur gangue, point qui présente une certaine importance pour leur traitement :

» Minerais schisteux : 18 à 31,5 p. 100 de cuivre ;

» Minerais quartzeux : 12 à 27 p. 100 de cuivre ;

» Minerais dolomitiques : 5 à 7 p. 100 de cuivre.

» On peut compter sur une teneur moyenne à peu près uniforme de 15 à 18 pour 100, qu'il serait facile d'augmenter par un simple triage sur le carreau de la mine, et de porter à 20 ou 25 pour 100.

» En comparant cette teneur moyenne à celle de bien des gisements analogues, on sera frappé de voir les conditions favorables dans lesquelles se présentent ces mines. A Rio Tinto, par exemple, on exporte à Swansea, en Angleterre, tout le minerai dont la teneur est sensiblement comprise entre 3 et 6 pour 100. »

Et la mine de Van Say n'est pas la seule à présenter un rendement aussi favorable. Toutes les exploitations cuprifères que l'on rencontre le long de la Rivière Noire sont également riches et également bien situées. Pourquoi faut-il que tous ces gisements restent improductifs, pourquoi faut-il que malgré toutes les facilités accordées [1], tout se

1. Le décret du 25 février 1897 prévoit comme principal mode d'acquisition des mines et minières, en Annam et au Tonkin, celui par voie de recherches en périmètre réservé en terrains libres de droits antérieurs.

Le centre du périmètre doit être marqué sur le terrain par

soit borné jusqu'ici à de vagues inspections de prospecteurs ou à des demandes de pure forme?

Continuerai-je cette énumération de gîtes métallifères; dirai-je l'abondance des mines d'argent, la plupart constituées par des gisements de galène argentifère, et dont l'exploitation pourrait encore

un poteau signal avec écriteau indiquant : le nom donné au périmètre, le nom de l'explorateur, la date de l'occupation, le rayon du cercle qui ne peut dépasser quatre kilomètres.

Une déclaration de recherches doit être déposée à la Résidence de la province dans la quinzaine de l'occupation.

Le Résident fait dresser un procès-verbal de constat, puis inscrit la déclaration sur le registre ad-hoc. Il en délivre récépissé contre paiement d'un droit fixe de 0 fr. 05 centimes par hectare.

Copies de la déclaration du procès-verbal du constat et du plan sont ensuite adressées au Résident supérieur, qui les transmet au Directeur des travaux publics, service des mines, où la déclaration est définitivement inscrite si elle est reconnue valable.

Toute déclaration de recherches en périmètre réservé est annulée de plein droit (art. 15) au bout de trois ans, si elle n'a pas donné lieu à une demande en délivrance de la propriété de la mine.

Les propriétés minières donnent lieu au paiement d'une redevance de :

1 franc par hectare pour les mines de houille.

2 francs pour les mines d'autres substances.

Cette redevance est doublée à partir de la cinquième année et triplée à partir de la dixième.

Pour les mines acquises par voie d'adjudication, à la suite de réserves par le Gouvernement général, de reprise ou déchéance, de déshérence, etc., la redevance est fixée par l'adjudication.

L'autorité judiciaire est seule compétente en matière de contestations entre particuliers au sujet des mines.

donner d'excellents résultats, si, en raison de la dépréciation de l'argent, on voulait seulement se borner à traiter le minerai de plomb? Il m'a été donné de voir les mines de plomb argentifère du Haut-Tonkin montagneux, et plus particulièrement celles situées dans le cercle de Ngan-Son, qui est bien la région la plus pittoresque du Tonkin.

Ngan-Son est comme posé au fond d'un vallon, dominé par des mamelons herbeux et baigné par une rivière, au cours sinueux, le Bac-Giang. Le blockhaus, perché sur un pic isolé, rappelle ces vieux donjons féodaux, comme on en rencontre encore en France. Et avec son drapeau qui claque au vent, on pense à quelque sentinelle avancée chargée d'annoncer et de surveiller l'ennemi. On est là au centre même du bassin minier. Les gisements argentifères y sont extrêmement nombreux et riches, tels sont ceux de Ban-Chang, de Na-Hin, de Phuc-Son[1]. Sous le poste militaire même, existe une mine de même nature, dénommée *La Lucie*. Envahie par les eaux il y a sept ou huit ans, elle a dû être définitivement abandonnée.

Toutes ces mines ont été jadis exploitées par les Chinois qui obtenaient une main-d'œuvre abondante en pressurant la population. Ils terro-

1. Les gens du pays m'ont également parlé des groupes de Coum Pi, de Cou Phon et de Kim Hi pour les alluvions aurifères.

risaient à tel point le pays que les habitants n'osent encore aujourd'hui parler d'eux sans frémir. Ils y auraient, dit-on, réalisé de très grosses fortunes. Je le crois bien. Chassés par notre occupation, ils auraient emporté avec eux le secret de l'extraction. On les accuse même d'avoir provoqué l'envahissement des eaux.

A cette heure, les mines de la région de Ngan-Son sont pour la plupart concédées à des particuliers français, mais il en est peu qui les exploitent. La raison? Hélas, la même partout : le manque d'argent. Mais, sur ce point, il convient de signaler en outre la pénurie, plus forte au Tonkin que partout ailleurs, des moyens de transport.

Ce qu'il faudrait, c'est pouvoir transporter facilement le minerai jusqu'à Bac-Kan, où la voie fluviale le descendrait ensuite à Haïphong. Les Chinois n'y allaient pas par quatre chemins : ils réquisitionnaient les habitants qu'ils transformaient en véritables bêtes de somme. Ils ont, il est vrai, épuisé la race. On comprend que la France répugne à de pareils procédés ; mais rien n'empêcherait de faciliter l'exploitation minière — appelée sans aucun doute à favoriser le développement économique de toute une région et son repeuplement — par une appropriation raisonnée et une utilisation pratique des voies terrestres et fluviales. D'autant que tout le pays environnant est habité par les Màns, une des meilleures populations de l'Indo-Chine [1].

A quelque distance de Ngan-Son, se trouve le groupe minier de Ha-Hieu. Des prospections récentes ont signalé sur ce point de nombreux gisements où dominent le fer et l'or et dont celui de Ha-Giah constituerait le noyau. Comme celles de Ngan-Son, ces mines ont été très longtemps aux mains des Chinois. Dépossédés de leur exploitation, ces derniers se sont depuis retirés en Chine, d'où ils n'ont cessé de soudoyer, jusqu'en ces dernières années, des bandes de pirates qui longtemps désolèrent la région, grossis parfois des ouvriers occupés jadis dans les mines et qui, privés de travail, n'ayant plus de moyens d'existence, se laissaient facilement séduire et enrôler.

Peut-être aurait-il été possible d'éviter cet exode, en intéressant les Chinois, jusqu'alors seuls détenteurs des mines, au nouveau régime d'exploitation ? Peut-être aurait-il été possible de les retenir dans le pays et de leur laisser continuer, en les surveillant, une industrie qu'ils sa-

1. Divisés en Mâns-Thien, en Mâns-Coc et en Mâns-Théo, ils constituent la véritable race aborigène, le Chinois et l'Annamite composant le groupe mongolique envahisseur. Dans les premiers siècles de l'ère chrétienne, ils auraient peuplé le Yun-Nan et le Quang-Si. Refoulés par les Mongols, ils se réfugièrent au Tonkin et, pour se soustraire à la servitude, se retirèrent sur les hauts monts, où ils vécurent depuis lors à peu près indépendants.

vaient rendre si prospère et si lucrative? Ce fut là un de ces malentendus comme il y en eut tant au début de notre installation. Mais pourquoi récriminer?

Ce qui importe dès maintenant, c'est de tirer parti des richesses que renferme le sol indo-chinois et que l'on s'accorde à dire considérables. L'œuvre est belle et séduisante. Elle est digne de fixer l'attention de nos industriels, que la lutte continentale étouffe de jour en jour. C'est en multipliant les moyens de transport, en améliorant les routes, en reliant, si possible, certains centres miniers, par des chemins de fer ou des tramways, au Delta et aux grands marchés exportateurs, c'est enfin en rendant possible l'utilisation des cours d'eau et des rivières qui sillonnent en tous sens l'Indo-Chine, que l'on pourra imprimer au mouvement minier une impulsion vigoureuse et durable. Pourquoi, dès lors, les capitaux français, qui vont si facilement à l'étranger aider et soutenir les entreprises minières, n'iraient-ils pas en Indo-Chine, s'il est établi, qu'à égalité de risques, les avantages immédiats sont encore plus sérieux?

Et dans la rapide énumération précédente, nous n'avons parlé ni des mines de zinc qui partout abondent [1], ni des mines d'étain dont on com-

1. Le zinc est le métal le plus répandu en Indo-Chine, et

mence à s'occuper au Tonkin et au Laos où de récentes prospections ont fait découvrir, dans la vallée du Nam-Hin-Boum, des filons stannifères très importants, celui dit de Banta-Coua, en particulier ; ni des mines d'antimoine qui provoquèrent un instant un véritable engoûment, arrêté ensuite par les excès de la piraterie, ni des mines de manganèse tout récemment retrouvées, et dont il semble qu'il y ait beaucoup à attendre.

Mais toutes ces richesses minières seraient vouées à un échec certain, si l'Indo-Chine ne recélait dans son sol les combustibles minéraux susceptibles d'aider, et à leur extraction, et à leur utilisation sur place. Les gisements houillers forment en effet, en Indo-Chine, de très vastes bassins qui semblent s'étager parallèlement à la mer, du nord au sud, et qui sont généralement séparés les uns des autres par d'importants soulèvements granitiques, qui ont donné lieu à la formation d'une série de chaînons qui se détachent des premiers contreforts de la chaîne annamitique et s'en

aussi celui dont la valeur intrinsèque est le moins élevée. C'est du reste grâce aux mines de zinc que les souverains d'Annam ont pu, de tous temps, frapper les sapèques qui constituaient et constituent encore la véritable monnaie indigène. Toute l'Indo-Chine présente des soulèvements calcaires, probablement divoniens, tous pareils à ceux qui entourent la baie d'Along, et c'est dans ces terrains qu'on trouve le zinc, soit à l'état de calamine et de blonde, soit à l'état natif.

vont plonger dans la mer en des falaises abruptes et inabordables.

Les plus connus, ceux dont l'exploitation est en pleine activité, sont ceux de Ke-Bao, de Hongay au Tonkin, et de Nong-Son en Annam. Mais ils ne sont pas les seuls, et ils sont reliés, les uns aux autres, par d'importants lambeaux de terrain carbonifère, au sein desquels des couches de charbon se révèlent par un grand nombre d'affleurements encore mal connus et peu étudiés [1]. Les principaux sont ceux que l'on peut observer près de Phu-Ly (province de Ninh-Binh), près de Vinh (province de Nhé-Anh), près de Dien-Châu (province de Ha-Tinh), près de Len-Bàc (province de Quang-Binh) ; on en trouve encore au sud de Tourane, jusqu'à la hauteur de Qui-Nhon, et sur les bords du Fleuve Rouge, à Yen-Bay.

Les charbonnages de Kebao sont situés dans l'île de ce nom, qui borne, au nord-est, la baie d'A-long. Les affleurements de charbon sont très nombreux, et apparaissent surtout autour de la baie, dite « région des flots », située sur la côte sud-est de l'île. Quelques pointements se montrent entre ce quartier et Port-Wallut, mais ils n'ont pas une grande importance. Les charbons

1. Voir l'étude publiée par M. G.-H. Monod sur les gisements de charbon en Indo-Chine. Hanoï. Imprimerie Schneider, 1902.

se retrouvent tout le long de la rivière de Ké-Rong, qui vient se jeter dans la baie des îlots et le long de la rivière d'Ha-Voc, suivant la direction nord-est-sud-ouest. Par ces affleurements, le gisement charbonneux va se souder à ceux qui appartiennent à la concession de Hongay.

On sait par quelle série d'insuccès a passé l'exploitation de Kebao. Commencée en 1889, elle aboutit à une première liquidation en 1895, à une deuxième en 1899 [1].

Ces insuccès ont été attribués à la mauvaise qualité du charbon. Mais ce n'est pas là qu'il faudrait, semble-t-il, en chercher l'explication. Le charbon de Kébao est, tout au contraire de ce que l'on a souvent prétendu, un combustible de bonne qualité. Mais c'est un anthracite, c'est-à-dire un charbon très maigre, sans longue flamme, ne convenant, par conséquent, pas du tout à certains usages auxquels on a voulu l'employer, tel que le chauffage des chaudières tubulaires sur les bateaux à vapeur. Pour ce genre de chaudières, la mine fabriquait des briquettes qui donnaient des résultats assez satisfaisants, surtout lorsque la combustion était facilitée par un tirage artificiel.

Pour les industriels qui demandent seulement au combustible un pouvoir calorique élevé, l'an-

1. Elle a été rachetée en 1901.

thracite de Kébao peut donner de très bons résultats.

Les gisements charbonneux de Hongay, prolongement en quelque sorte de ceux de Kebao, appartiennent à la même formation.

La concession même de Hongay comprend deux quartiers bien distincts : le quartier de Hongay proprement dit, et celui de Campha, séparé par le chenal de Campha de l'extrémité méridionale de Kébao. Campha est éloigné de Hongay, point d'embarquement, et, pour cette raison, est d'une exploitation moins avantageuse.

La direction des couches charbonneuses à Hongay est la même que celle des plis ; cette direction est, d'une manière générale, la direction nord-sud avec des variations qui peuvent atteindre de part et d'autre de cette moyenne, des angles de 15 à 20 degrés [1].

A Hatou, l'exploitation attaque le flanc ouest d'un anticlinal. Le pendage varie entre 15 à 40 degrés.

D'une manière générale, on observe à Hongay que le pendage est plus accentué sur le flanc est que sur le flanc ouest des anticlinaux.

Dans le district de Hongay, il existe plusieurs mines, dont la plus importante est l'exploitation

1. G.-H. Monod, *loc. cit.*, page 8.

à ciel ouvert de Hatou. Ce quartier est relié à Hongay par un petit chemin de fer de 11 kilomètres ; à l'arrêt du train, on découvre d'un seul coup d'œil une immense carrière de charbon, du plus pittoresque effet, taillée sur douze étages dans une couche atteignant 28 mètres d'épaisseur. Sur les douze gradins, deux mille cinq cents coolies travaillent à extraire ou à transporter le charbon. L'assise charbonneuse, très visible, est surmontée par un chapeau argileux, que l'on enlève à mesure que les travaux avancent ; cette nécessité est d'ailleurs assez onéreuse pour l'exploitation, car un grand nombre d'ouvriers se trouvent occupés à ce travail. Un nouveau découvert a été entamé au mamelon désigné sous le numéro 65 et retient actuellement près de neuf cents ouvriers.

L'autre mine est à Nagotna où l'exploitation est souterraine ; elle emploie déjà six cents ouvriers [1].

Le charbon extrait à Hongay est un anthracite. Le combustible est généralement vendu à l'état de briquettes [2], obtenues avec une addition de brai (venu de Norvège par voiliers) et de charbon gras japonais.

1. On venait de donner les premiers coups de pioche, lorsque nous l'avons visité, en février 1903.

2. La fabrication est tout près de l'appontement, ce qui simplifie la manipulation.

L'exploitation de Hongay, après des débuts hésitants, paraît être à cette heure en pleine activité. Si l'on en croit les documents publiés, l'extraction pourrait fournir en moyenne près de 300.000 tonnes par an. Les dernières statistiques seraient, d'autre part, des plus concluantes.

La formation charbonneuse ne s'arrête pas à Hongay. Rejetée vers l'ouest-nord-ouest, elle s'étend sur le Dong-Trieu, dans les provinces de Quang-Yen et de Haiduong. Sur ce point, on est encore dans la période des recherches et des études. Celles-ci seraient, m'a-t-on assuré, des plus encourageantes. Dans toute cette région, le charbon est une houille anthraciteuse très maigre, tout à fait analogue aux charbons de la Pensylvanie ou du Pays de Galles.

Les gisements se retrouvent ensuite en Annam, en particulier, dans la province de Quang Nam, non loin de Tourane.

L'Annam est un des pays asiatiques les plus riches, peut-être, en gisements houillers. Tous ne sont pas malheureusement d'égale valeur, ni de même importance. Le système géographique de l'Annam se ramène tout entier à une grande chaîne principale, connue sous le nom de *chaîne annamitique*. Partie du nord, elle se dirige d'abord au sud-ouest, puis à l'est, s'infléchit ensuite en un immense arc de cercle qui donne aux côtes de l'Annam leur courbure si caractéristique, et s'abaisse graduellement ensuite en terrasses étagées pour se terminer, enfin, par l'intermédiaire d'une région mamelonnée, aux plaines fertiles de Cochinchine. Dans toute cette région, les gisements sont nombreux et réels. Un grand nombre d'entre eux se présentent dans des conditions très favorables à une exploitation régulière, qui trouverait immédiatement et à coup sûr des débouchés très avantageux, même dans la colonie. Plusieurs de ces gisements ont d'ailleurs subi, autrefois, de la part des indigènes, un commencement d'exploitation. C'étaient, naturellement, les Chinois qui en étaient concessionnaires. Mais une foule de circonstances de tout genre arrêtèrent, de bonne heure, ces tentatives. Il convient tout d'abord d'observer que les premiers exploitants avaient une connaissance technique très rudimentaire, tant de la métallurgie que des procédés d'extraction. Ajoutez à cela leur impuissance contre les venues d'eau, faute d'instruments nécessaires, et leur ignorance, à peu près complète, de toutes les questions relatives au boisage et au soutènement des galeries.

La cour de Hué, qui eût pu diriger et encourager les exploitations, préférait abandonner les privilèges moyennant certaines redevances ou tributs qui croissaient tous les jours, les transformant en une véritable corvée, non seulement pour les propriétaires, mais encore pour la commune tout entière. Il arrivait, par suite, que les villages préféraient, à force de présents, faire certifier par les mandarins que le gisement était épuisé et les coolies licenciés. L'exploitation cessait ainsi à peu près partout.

Que dire aussi de l'insécurité perpétuelle dans laquelle vivaient alors les travailleurs, tant à cause des bêtes féroces qui infestaient à cette époque la région, que du voisinage des Moïs dont ils redoutaient les incursions. Il est facile de concevoir dans ces conditions qu'en dépit des espérances qu'elles pouvaient faire naître, toutes ces entreprises aient été lentement négligées, puis abandonnées. Quelques-unes résistèrent plus longtemps et traversèrent toute la période de conquête, malgré les troubles et les difficultés du moment.

Tel fut le cas de la mine de Nong-Son, située sur la rive gauche de Thu-Bong, à quelques kilomètres de Fai-Foo[1]. Ici, le charbon se trouve interstratifié dans les deux flancs d'un anticlinal dont l'axe suit une direction sud-ouest-nord-est,

1. En 1881, elle fut donnée, sous certaines conditions, au Chinois Luong van Phong, qui céda ensuite ses droits à une société française. La mine est aujourd'hui la propriété de la Société des Docks et Houillères de Tourane. La production annuelle, après des débuts modestes, dépasserait, assure-t-on, à cette heure 25.000 tonnes.

dans la partie actuellement exploitée de la concession. Un peu plus au nord, l'axe anticlinal paraît s'infléchir vers la direction sud-nord, et les travaux d'un puits en fonçage se sont heurtés à un pendage des couches vers l'est.

Le mur de la couche est schisteux; le toit est constitué par des grès, recouverts par des schistes argileux. Au-dessus des schistes, on rencontre une importante formation de conglomérats, formant la plupart des sommets aux environs de la mine.

On se trouve du reste là, en plein terrain carbonifère. Il existe tout près de Nong-Son, en facile communication avec Tourane[1], dans un centre assez populeux, sur la rive droite du Song-Caï, un autre charbonnage, d'une espèce différente, le gisement de Vinh Phuoc. On croit, d'après les premières analyses récemment faites, qu'il s'agit en l'espèce d'un charbon gras ou tout au moins demi-gras. Et l'on voit tout l'intérêt que ce gisement sera susceptible de présenter, le jour où il commencera à produire. Il pourra se substituer tout naturellement aux charbons gras, importés jusqu'ici du Japon, dans la fabrication des briquettes du Tonkin. Alors même que la teneur de ce charbon ne se maintiendrait pas à mesure que l'on pénétrerait la couche, il n'en serait pas moins

1. C'est à 60 kilomètres de Tourane, par voie de terre ou par voie d'eau.

très utilisable et la fabrication d'agglomérés serait susceptible de lui assurer de très grands débouchés.

Tous ces gisements se rattachent géologiquement aux charbonnages plus considérables du Yun-Nan, et en particulier aux étages de Hé-longtan, de Toudza et de Hoa Tsi Ke. Il peut y avoir là, pour l'Indo-Chine, le jour où les relations avec le Yun-Nan deviendront plus fréquentes et plus faciles, — par le fonctionnement du chemin de fer qui doit relier Haïphong à Yunnan-Sen — un marché d'approvisionnement, situé tout à nos portes, et qui pourra aider grandement au développement économique de la colonie.

Quelle conclusion devons-nous tirer de cet examen, forcément sommaire, des richesses que recèle le sol indo-chinois? C'est que loin de se laisser décourager par des insuccès comme ceux qui se sont produits au début, alors que la piraterie infestait encore le Tonkin, que l'insécurité, l'hostilité paralysaient les volontés et les énergies, que l'on marchait un peu à l'aventure, au hasard, que les relations avec l'indigène n'existaient pour ainsi dire pas, il faut, aujourd'hui que la tranquillité et l'ordre règnent partout, que la confiance est revenue, que les habitants se sont remis au travail, aborder résolument le problème minier et, rompant avec nos déplorables habitudes d'inertie et d'hésitation, reprendre hardiment l'œuvre de mise en valeur qui doit et peut, seule, assurer à l'Indo-Chine et son développement économique immédiat et sa transformation industrielle.

La production annuelle du charbon en Indo-Chine n'a cessé de suivre une progression croissante depuis dix ans, et cette extension ne pourra qu'augmenter du jour où, par exemple, le port de Tourane sera définitivement aménagé, au moyen de travaux de dragage et grâce aussi à la construction d'appontements, de quais et à l'utilisation de l'îlot de l'Observatoire, et du jour aussi où l'ouverture des grandes voies ferrées aura donné une vigoureuse impulsion aux manifestations diverses de l'activité économique.

La consommation totale annuelle du charbon sur la côte d'Asie dépasse aujourd'hui 1.500.000 tonnes, et si nous considérons les pays producteurs susceptibles d'alimenter cette consommation, nous verrons qu'il n'en existe aucun qui soit à même de rivaliser avec la production de l'Indo-Chine.

L'Australie fournit annuellement près de 8 millions de tonnes de charbon. Mais par suite de l'éloignement, le charbon n'arrive en Extrême-Orient que grevé d'un fret très élevé, qui en augmente considérablement le prix.

La Chine, très riche cependant en gisements

houillers, est obligée d'importer annuellement près d'un million de tonnes. Elle ne peut donc participer à la consommation du dehors.

Le Japon, dont la production de charbon gras sera toujours nécessaire pour la fabrication de nos briquettes, voit le restant de son extraction absorbé, sur place, par les besoins de sa métallurgie aujourd'hui en pleine prospérité, de sa navigation et de son industrie.

Partout ailleurs, on observe le même phénomène. La production, cependant très élevée, des Iles de la Sonde et des Indes Anglaises est immédiatement drainée par les besoins d'un marché local qui rend illusoire toute pensée d'exportation.

Reste donc l'Indo-Chine, et plus spécialement les gisements de la chaîne annamitique, plus avantagés encore par suite du voisinage du port de Tourane. Il n'est pas douteux que notre colonie doit devenir un jour la grande source d'alimentation houillère de toutes les places de l'Extrême-Orient. Sa situation d'abord, qui est peut-être unique au monde, à proximité ou sur le parcours de toutes les grandes lignes de navigation qui sillonnent les mers de Chine, lui permettrait d'expédier, dans des conditions très avantageuses de fret, ses produits sur tous les points de la côte orientale d'Asie, de Singapour à Port-Arthur. Elle dispose en outre de bassins houillers très étendus, encore susceptibles de développement et tout prêts à être exploités. Ses charbons enfin sont, de jour en jour, plus appréciés, grâce à l'habileté croissante de la main-d'œuvre et au perfectionnement des procédés d'extraction.

Il est donc permis de prévoir une ère de véritable prospérité pour les charbonnages indo-chinois.

Les petites questions de détail, telles que celles de la réglementation, de la législation minière, se résoudront d'elles-mêmes, quand les capitaux jusqu'ici hésitants, ombrageux, méfiants, pénétreront en Indo-Chine et viendront y apporter l'élément indispensable à son progrès.

Avec le fer, le charbon, c'est l'industrie métallurgique qui s'établit dans l'Indo-Chine, ce sont les hauts-fourneaux, les forges qui partout s'installent, donnant aux entreprises de travaux publics les matériaux dont elles ont besoin, permettant d'améliorer les conditions mêmes de l'existence, d'utiliser les productions d'une terre puissante et toujours en activité. Ce sont les exploitations agricoles possibles, c'est-à-dire l'utilisation pratique, économique et commerciale de ces richesses qui, jusqu'ici, n'ont trouvé d'autres débouchés que dans la consommation locale et immédiate, limitée et à bas prix.

Tel serait le cas des raffineries de sucre[1], — alimentées par la canne à sucre qui, comme nous l'avons dit plus haut, vient en abondance partout en Indo-Chine, et dont la culture est encore susceptible d'extension, — des distilleries de rhum, des fabriques de tapioca, pour l'utilisation du manioc, et autres industries agricoles similaires, des entreprises de verrerie et de céramique encore ignorées ou à l'état naissant, bien que favorisées par l'abondance des silicates, mais dont le développement se trouve aujourd'hui forcément borné par suite des difficultés d'approvisionnement et de l'absence de combustible.

Un avenir industriel grandiose s'ouvre donc pour l'Indo-Chine. Il se devine, il se pressent. Les premières manifestations apparaissent. Mais, on ne saurait trop le répéter, il faut que la métropole, effectivement, participe à ce mouvement et s'y intéresse résolument.

L'Indo-Chine, va-t-on partout répétant, est un pays agricole. Son unique ressource, sa seule richesse, c'est le riz. L'Indo-Chine sans ses

1. Au moment où j'écrivais cette étude, le gouvernement général, très préoccupé du développement économique de l'Indo-Chine, prenait, après une enquête très approfondie et une consultation officieuse des intéressés, tant Européens qu'indigènes, tout une série de mesures, d'ordre à la fois fiscal et administratif, destinées à favoriser l'établissement de raffineries de sucre dans la colonie. (Arrêté du 14 mai 1903.)

rizières, c'est comme le rosier sans ses fleurs. C'est vrai et faux tout à la fois, comme du reste tout ce qui est absolu. Oui, l'Indo-Chine est un pays agricole; oui, l'Indo-Chine, surtout la Cochinchine, vit en grande partie de son riz; mais cela n'est pas tout, il y a autre chose, et c'est justement ce qu'on ne dit pas.

L'Indo-Chine n'a été qu'un pays agricole et n'est encore à cette heure qu'un pays de culture que parce qu'on a commis la grande faute de ne jamais le considérer que comme tel. Tout paraît avoir été fait pour le maintenir dans cet état d'infériorité, pour l'enfermer dans les limites d'un domaine rigoureusement borné. Or, l'Indo-Chine est et doit devenir un pays industriel. Il a tout ce qu'il faut pour cela et en première ligne le génie de son peuple.

Ce qui le prouve c'est que bien avant notre occupation, il existait déjà en Indo-Chine une industrie très prospère, celle du riz ou plus exactement celle du décortiquage du riz. Cholon, le faubourg annamite et chinois de Saïgon, en était et en est resté le centre principal. C'est là où se rencontre le plus de moulins. Depuis quelques années des usines à vapeur ont été créées, alimentant surtout le commerce d'exportation. Il ne faudrait pas croire que le décortiquage à vapeur ait tué le décortiquage par les meules mues par les bras ou plutôt par les pieds de l'ouvrier. Partout, du reste, en Indo-Chine, la petite industrie, l'atelier familial se maintient à côté de la grande usine et de la puissante industrie mécanique.

Cela n'a rien d'étonnant, si l'on songe au bon marché de la main-d'œuvre, tel que non seulement les rameurs continuent à lutter contre la batellerie à vapeur, mais encore que certains bateaux à roue sont poussés par la force des muscles de l'homme. Quoi qu'il en soit, il y a, à cette heure, à Cholon, neuf usines à vapeur et trois cents décortiqueurs à bras. Ceux-ci sont six mille environ dans la province ; ils traitent encore les deux tiers du paddy produit par la colonie et destiné à la consommation locale.

Vers la fin de novembre, les jonques chercheuses de riz quittent Cholon. Elles sont dirigées par un patron auquel l'usinier a prêté sa barque elle-même ou tout au moins une somme d'argent et une pacotille qui lui serviront à acheter le paddy. Les fonds ainsi avancés portent, assure-t-on, intérêt à 12 0/0 par an. De plus, le batelier acheteur s'engage à livrer à son prêteur le paddy à quelques cents au-dessous du cours. La jonque va, par le Mékong et les canaux, dans quelque province où le Chinois qui la mène a des relations. Il est plus ou moins associé à des Célestes vivant sur place, qui s'entendent au besoin avec des

Annamites qui prêtent à leurs compatriotes sur récolte — ce prêt ne semble pas être fait par les Chinois eux-mêmes. Il faut d'ailleurs noter que le fonds de roulement des Chinois est en grande partie fourni par les maisons exportatrices qui font de grosses avances, en même temps que leurs commandes aux rizières de Cholon.

Quelques mois après, la jonque revient à Cholon, et s'accoste dans l'arroyo encombré. Le paddy est enlevé par les élévateurs, passe entre des meules, dans des tamis, subit l'action de ventilateurs, de polisseurs, et finit par se distribuer en balles qui servent à chauffer la chaudière, et dont l'excédent brûle à l'air libre, produisant des cendres subtiles, qui sont un fléau pour le voisinage, en riz, en brisures et en farines destinés aux consommateurs locaux ou étrangers. Des ingénieurs européens surveillent les appareils qui opèrent cette transformation; mais, en dehors de cette intervention technique, toute la direction est chinoise.

Cette industrie, qui donne à Cholon un aspect de cité industrielle fumeuse du Nord ou mieux du Far-West américain, a fait des progrès immenses. En 1881, Cholon ne traitait que 332.084 tonnes de paddy. Ce chiffre s'est successivement élevé, en 1885, à 474.000 tonnes ; en 1890, à 600.664 tonnes ; en 1895, à 617.745 ; en 1900 à 915.657 ; en 1901, à 902.360. Il va sans dire que les quantités traitées varient quelque peu selon les récoltes, cependant remarquablement régulières en Cochinchine, mais il se trouve que ces statistiques quinquennales donnent à peu près la moyenne de la production de Cholon pendant les périodes auxquelles elles s'appliquent. Non seulement la quantité a augmenté, mais encore la valeur du produit exporté. La céréale peut se vendre à l'extérieur sous plusieurs formes; en dehors du grain brut et non décortiqué, le paddy, que l'on n'a aucun intérêt à exporter parce qu'on paye le fret de matières sans valeur, comme la balle, et aussi parce que le gouvernement, pour favoriser l'industrie du décortiquage, a imposé, par un arrêt du 31 décembre 1895, les paddys exportés d'un droit supplémentaire de sortie de 0 fr. 225 les 100 kilog. : on peut livrer aux marchés extérieurs du riz blanc décortiqué et plus ou moins trié et séparé de ses brisures et farines, ou bien du riz cargo sommairement décortiqué mais non blanchi, et qui coûtent encore un certain pourcentage de paddy. Or, depuis le début, la proportion du riz blanc exporté par Cholon a constamment cru aux dépens de celle du riz cargo. Elles étaient respectivement : en 1881, de 206.783 tonnes de riz cargo et de 36,660 tonnes de riz blanc produites; en 1885, de 301.417 et de 46.244; en 1890, de 319.010 et de 113.958 ; en 1895, de 300.534 et de

141.080; en 1900, de 198.281 et de 423.334, et, en 1901, de 141.491 et de 537.226. Le moment est à prévoir où il ne sortira presque plus de riz cargo des usines de Cholon.

L'industrie du décortiquage, qui a réuni plus de 137.000 personnes sur le point de la plaine cochinchinoise où s'élève Cholon ne peut que s'étendre.

Comme nous l'avons dit, les moulins indigènes n'ont pas disparu. D'après les excellentes statistiques de MM. Passerat de la Chapelle et Robert de Caix sur l'industrie du décortiquage du riz en Cochinchine, auxquelles nous empruntons ces renseignements, ils continuent à fonctionner, mais leur prix de rendement est bien supérieur à celui de l'usine : c'est ainsi que le riz blanc d'usine ne coûte que 60 cents de piastre contre 1 piastre 20 pour celui qui provient des moulures à bras.

Il y a, à cet égard, à vaincre les préjugés des consommateurs indigènes qui ne veulent pas jusqu'ici des produits d'usine. Mais c'est surtout à l'extension de la rizière cochinchinoise que Cholon doit demander celle de sa propre industrie.

Chaque année, de nouveaux champs de paddy sont conquis sur l'alluvion vierge qui couvre encore au moins les deux tiers du delta du Mékong. Cette mise en valeur ne fera pas seulement la prospérité de Cholon, mais encore celle des Annamites qui ont beaucoup augmenté en nombre et aussi en richesse depuis notre conquête.

Elle fournira de nouvelles ressources au budget général et aux budgets locaux, en même temps qu'elle permettra d'étendre les voies de communication et d'entreprendre les œuvres d'intérêt public si nécessaires au développement et à la prospérité de la colonie.

L'énergie européenne pourra-t-elle s'exercer dans cette industrie du riz? Beaucoup l'espèrent. Ils attendent cette transformation d'une éducation meilleure de l'Annamite qui fournirait des agents pour les petites localités de l'intérieur, où des questions de prix et de confort ne permettent pas à l'Européen de suivre et de combattre le Chinois. En outre, l'indigène apprendrait peut-être peu à peu à traiter directement avec l'usine. Déjà beaucoup d'Annamites s'appliquent à connaître les cours, à ne pas vendre mal. D'aucuns estiment qu'il serait possible d'arriver jusqu'à eux sans intermédiaires chinois, surtout si on créait aux principaux carrefours fluviaux des magasins généraux qui feraient des avances sur le cargo déposé et seraient prêts à exécuter les ordres de vente du propriétaire.

Mal connu, l'Annamite est longtemps apparu, aux yeux des Européens, comme un peuple inférieur, fermé à tout travail de l'esprit, bon tout au plus à faire un semis de riz ou à élever quelque bétail. C'est là où la légende s'affirme encore. L'Annamite n'est rien de tout cela. Je vous concède qu'il n'a ni l'intelligence éveillée de certaines races, ni l'esprit d'invention qui fait le fond de certaines autres. Mais il a, à un très haut degré, une qualité rare entre toutes, pour un pays placé dans les conditions où se trouve l'Indo-Chine, c'est l'esprit d'assimilation. Il n'est routinier que par force. Il ne demande qu'à apprendre et à faire mieux. La main-d'œuvre, étant dans la colonie d'un bon marché et d'une facilité inouïs, une partie du problème qui préoccupe les nations occidentales se trouve ici en partie résolue. Que manque-t-il à l'Annamite pour égaler, sur le terrain économique, en particulier dans le domaine industriel où son infériorité est évidente, la plupart des peuples avec lesquels il se trouve ou peut se trouver en relation d'affaires ? L'initiation d'abord, la direction ensuite. L'industrie, au Tonkin comme en Annam, est à l'état embryonnaire. C'est vrai, mais ce ne sont pas les éléments qui manquent ; ce n'est pas non plus, comme on pourrait le croire, par suite de l'inaptitude de leurs habitants à fabriquer ou à créer. C'est parce que rien n'a été fait jusqu'à ce jour pour les tirer des procédés et des formules où une tradition de plusieurs siècles les ont enfermés. Tout est, chez eux, suranné et vieillot. Donnez au contraire, à l'Annamite des modèles nouveaux, des instruments appropriés ; encadrez les ouvriers indigènes de bons contremaîtres européens, qui aient la patience de leur montrer et de leur apprendre ; mettez, près d'eux, des chefs de travaux ou d'ateliers qui leur expliquent les moyens de fabrication, et je ne vous donne pas pour dix ans, avant qu'une révolution industrielle ne s'opère dans le pays.

Voyez le travail, déjà fin et délicat, que le ciseleur, péniblement courbé sur une natte, produit. Avec quoi ? Comme outil, il n'a qu'un méchant clou, tordu et rouillé. Mettez dans la main de ce même ouvrier, nos poinçons, burins et autres instruments perfectionnés et vous verrez à quel degré de perfection, à quel fini, il parviendra. Car, je le répète, l'Annamite, profondément observateur sous ses apparences d'enfant, est prodigieusement assimilateur et doué d'une incroyable patience. Pendant des heures, vous pouvez observer un ouvrier travailler, soit la soie, soit les métaux, sans la moindre fatigue, et dans quelles conditions d'hygiène et de salubrité ! Quelquefois au fond d'une cour étroite, sans air, presque sans lumière, les yeux brûlés par les veilles et les doigts rongés par un informe outil dont lui seul peut se servir !

A cette heure, toute la question de la colonisation industrielle peut se ramener à ces deux problèmes, savoir : 1° utiliser et mettre en valeur, en les appropriant aux goûts et aux besoins du jour, le génie et les qualités d'une race ; 2° tirer profit et exploiter tout ce qu'une terre, riche, fertile, puissante peut produire et rapporter.

CHAPITRE VII

Situation commerciale de l'Indo-Chine. — Tableau comparatif des entrées et des sorties. — Le transit avec la Chine méridionale. — Mouvement de la navigation. — L'exportation du riz. — Progrès réalisés.

Depuis déjà plusieurs années — et la constatation en a été faite bien avant nous — la situation commerciale de l'Indo-Chine n'a cessé de suivre une marche ascensionnelle. Au début, on fut conduit à penser — et non sans raison — que les progrès, on peut le dire, considérables, signalés par les premières statistiques, pouvaient être dus à des causes passagères ou accidentelles, et qu'il serait peut-être aventureux de les prendre pour base de comparaison. Ces réserves, hier encore justifiées, perdent chaque jour de leur force devant la persistance des faits. Les chiffres portent avec eux une éloquence qui est parfois plus persuasive que toutes les raisons du monde. C'est le cas ici.

Lorsque, en effet, les premiers renseignements officiels, à caractère définitif, furent publiés, tous les tarifs qui avaient servi à établir les premières statistiques avaient été changés. D'après les documents d'alors, dès l'année 1900, les valeurs attribuées aux produits avaient été plus élevées que par le passé : « Comme il s'était produit des fraudes sur les déclarations *ad valorem*, on avait jugé utile d'établir des prix officiels », et d'autre part, de tenir compte dans les statistiques d'importation, non point de la valeur des produits au lieu d'achat, mais de leur valeur réelle dans la colonie. « Les produits importés furent donc évalués dans les statistiques d'après leur prix de revient au port d'arrivée, ce prix étant déterminé par la valeur officielle en France, augmentée des frais de transport[1]. » D'aucuns ont voulu voir, dans ces majorations, un moyen ingénieux de faire croire à une activité commerciale plus apparente que réelle.

Sans vouloir discuter ici les raisons données de part et d'autre, on est obligé cependant de reconnaître que les prix officiels, une fois pour toutes établis, d'un simple rapport de cause à effet, cette

1. *Situation de l'Indo-Chine*, par M. Paul Doumer, page 181.

activité aurait dû nécessairement s'arrêter. Or, c'est le contraire qui s'est produit. Cette activité, constatée en 1900, n'a fait qu'augmenter depuis et dans des proportions qui ne permettent plus d'admettre qu'elle ait pu être fictive. Et cela est si vrai, que si, retenant pour un instant la thèse développée par quelques-uns, on examine le chiffre des exportations, que trouve-t-on? De l'aveu même des adversaires de la majoration des prix, celle-ci a forcément une affluence moindre sur les exportations que sur les importations. Or, dès 1900, il y a eu sur les exportations une augmentation de près de 18 millions de francs, dépassant, et au delà, toutes les espérances. Un pareil chiffre est suffisamment concluant par lui-même pour se passer de tout commentaire.

A l'heure qu'il est, le mouvement commercial accuse des plus-values qui sont le meilleur témoignage du développement économique de la colonie. Nous n'en voulons pour preuve que les derniers renseignements publiés par la Direction Générale des Douanes[1].

1. Et, comme le fait observer, avec une autorité toute particulière, M. Paul Doumer, dans son *Rapport sur la Situation de l'Indo-Chine*, page 146 : « Le service des Douanes n'a pas la prétention de saisir toutes les opérations commerciales qui se réalisent aux frontières. Le périmètre à surveiller compte plus de 3.000 kilomètres de côtes ; la frontière de terre n'est guère moins développée. Cinquante bureaux maritimes et dix bu-

A. — Commerce extérieur.

	Trois premiers trimestres. 1902.	1901.	Différence en faveur de 1902.
	Francs.	Francs.	Francs.
Importations.	162.346.161	146.562.223	15.783.938
Exportations.	153.331.909	128.708.532	24.623.377
Commerce extérieur. . .	315.678.070	275.270.755	40.407.315

Ainsi que le fait ressortir le tableau ci-dessus, le commerce extérieur de l'Indo-Chine a atteint, pour les trois premiers trimestres de l'année 1902, le chiffre de 315.678.000 francs, supérieur de 40.407.315 francs à celui de la période correspondante de l'année 1901. Les importations et les exportations contribuent à cette augmentation.

Par rapport aux résultats du premier semestre, il y aurait lieu surtout de signaler le maintien de l'augmentation considérable qu'accusait déjà à cette époque le mouvement d'exportation à l'étranger : 23.358.000 francs au 1er juillet; et 21.750.000 fr. au 1er octobre. C'est un résultat

reaux terrestres ne suffisent pas à enrayer bien efficacement la contrebande. Peu à peu, cependant, le service affirme sa puissance ; le nombre des postes de surveillance augmente en même temps que le nombre des agents ; les foyers de contrebande sont promptement connus et combattus. Aujourd'hui, la fraude ne s'exerce réellement qu'à travers les territoires militaires du Tonkin. »

appréciable, car les mesures sanitaires prises à l'égard des marchandises en provenance de Manille et de Hong-Kong, pendant tout le troisième trimestre de 1902, ont été un obstacle au développement régulier de notre commerce avec la Chine et les Philippines, alors qu'en 1901, au contraire, la levée des mesures sanitaires prises pendant le premier semestre, avait provoqué une reprise très vive du mouvement d'exportation.

Reprenons, en détail, les chiffres du tableau précédent.

Importations.

	France et colonies. — Francs.	Étranger. — Francs.	Totaux. — Francs.
Trois premiers trimestres 1902 . .	84.610.759	77.735.403	162.346.161
Trois premiers trimestres 1901 . .	71.628.343	74.933.880	146.562.223
Différence en plus.	12.982.416	2.801.523	15.783.938

1° Importations de la France et de ses Colonies.

AUGMENTATIONS

Chapitres.		Francs.
IX.	— Huiles et sucs végétaux	76.900
XIV.	— Produits et déchets divers . . .	100.800
XV.	— Boissons.	2.018.000
XVII.	— Métaux	7.241.800
XXIII.	— Verres et cristaux	152.600
XXVIII.	— Ouvrages en métaux	10.800.400

Chapitres.		Francs.
XXIX.	Armes, poudres et munitions	5.267.300
XXXI.	Ouvrages en bois	98.300
XXXIII.	Ouvrages de sparterie et de vannerie	108.400
XXXIV.	Ouvrages en matières diverses	496.200

DIMINUTIONS

Chapitres.		Francs.
II.	Produits et dépouilles d'animaux	143.700
VI.	Farineux alimentaires	154.700
VIII.	Denrées coloniales	616.800
XVI.	Marbres, pierres et terres	470.700
XVIII.	Produits chimiques	643.600
XX.	Couleurs	303.200
XXI.	Compositions diverses	123.900
XXIV.	Fils	736.700
XXV.	Tissus	9.329.500
XXVI.	Papier et ses applications	179.600
XXVII.	Peaux et pelleteries	647.500

2° Importations de l'Étranger.

AUGMENTATIONS

Chapitres.		Francs.
I.	Animaux vivants	133.200
II.	Produits et dépouilles d'animaux	249.400
V.	Matières à tailler	294.100
VI.	Farineux alimentaires	1.191.200
IX.	Huiles et sucs végétaux	1.319.400
X.	Espèces médicinales	544.000
XII.	Filaments, tiges et fruits à ouvrer	647.200
XV.	Boissons	263.400
XVI.	Marbres, pierres et terres	1.113.100
XVIII.	Produits chimiques	1.332.300
XIX.	Teintures préparées	1.394.700
XXII.	Poteries	327.600
XXV.	Tissus	1 628.500

DIMINUTIONS

Chapitres.		Francs.
VII.	— Fruits et graines.	410.100
VIII.	— Denrées coloniales	566.700
XI.	— Bois	118.300
XIV.	— Produits et déchets divers . . .	5.100
XVII.	— Métaux	1.417.000
XXIV.	— Fils	3.793.200
XXVII.	— Ouvrages en métaux	781.200
XXIX.	— Armes, poudres et munitions . .	564.000
XXXIV.	— Ouvrages en matières diverses	164.400

Exportations.

	France et colonies. Francs.	Étranger. Francs.	Totaux. Francs.
Trois premiers trimestres 1902 . .	36.338.053	116.993.856	153.331.909
Trois premiers trimestres 1901 . .	33.464.912	95.243.620	128.708.532
En plus . . .	2.873.141	21.750.236	24.623.377

Les exportations de la Colonie, déduction faite du numéraire, se sont élevées, en 1902, à 153.331.909 francs.

La décomposition de ce chiffre donne :

Pour le riz et ses dérivés	101.924.672
Et pour les autres produits	51.407.237
Soit.	153.331.909

Les exportations des trois premiers trimestres 1901 s'élevaient seulement à 128.708.532 francs. Dans cette somme figuraient :

Le riz et ses dérivés pour.	85.929.913
Et les autres produits pour	42.778.619
Soit.	128.708.532

La comparaison de ces chiffres fait ressortir une augmentation de 24.994.759 francs sur les riz et une diminution de 371.382 francs sur les autres produits [1], soit au total une augmentation de 24.623.377 francs.

B. — Commerce intérieur. — Cabotage.

	Entrées. — Francs.	Sorties. — Francs.	Total. — Francs.
Trois premiers trimestres 1902 . .	57.628.549	59.890.935	117.519.484
Trois premiers trimestres 1901 . .	50.547.895	54.395.707	104.943.602
En plus. . .	7.080.654	5.495.228	13.575.882

1. Cette diminution provient, *tout entière*, de la moins-value constatée sur les porcs.

En effet, tandis que :

l'année 1901 donnait pour l'exportation des porcs	1.167.000 fr.
l'année 1902 ne donnait plus que. . . .	469.000 »
Différence en moins.	698.000 fr.

L'exportation des porcs, qui avait pris un développement considérable en 1900 et 1901, s'est trouvée brusquement arrêtée par suite des mesures de prohibition prises à Hong-Kong.

État comparatif des principaux produits ayant donné lieu au mouvement de cabotage pendant les 3 premiers trimestres des années 1902 et 1901.

CABOTAGE — ENTRÉES
3 PREMIERS TRIMESTRES 1902

DÉSIGNATION DES PRODUITS	3 premiers trimestres 1902.	Principaux pays de provenance.	Principaux pays de destination.	3 premiers trimestres 1901.
	Francs.	Indiqués par ordre d'importance.		Francs.
Peaux brutes.	267.700	Annam.	Cochinchine, Tonkin.	173.300
Poissons secs.	2.051.000	Annam. Cochinchine	Annam, Cochinchine	2.586.500
Saumures et pâtes de poissons.	11.237.400	Annam,	Cochinchine, Tonkin, Annam.	4.773.500
Coquillages autres (madrépores).	356.000	—	Cochinchine.	240.200
Riz.	1.812.400	Annam, Tonkin, Cochinchine	Annam, Tonkin.	2.313.400
Légumes secs.	441.400	Annam.	Annam, Cochinchine.	552.100
Fruits de table.	696.000	Annam.	Cochinchine, Annam, Tonkin.	415.000
Fruits et graines oléagineux.	241.000	—	Annam, Cochinchine.	194.400
Noix d'arec sèches.	997.100	Annam, Cochinchine.	Tonkin, Annam.	1.885.100
Sucres blancs.	2 738.000	Annam.	Annam, Cochinchine.	3.583.500
Mélasses et sucres bruns.	3.673.100	—	Annam, Tonkin. Cochinchine.	1.227.800
Poivre.	2.861.400	Cochinchine, Cambodge.	Cochinchine.	3.964.400
Thé.	707.500	Annam, Cochinchine, Tonkin.	Annam.	664.000
Amomes et cardamomes.	307.600	Annam.	Tonkin, Cochinchine.	305.500

DÉSIGNATION DES PRODUITS	3 premiers trimestres 1902.	Principaux pays de provenance.	Principaux pays de destination.	3 premiers trimestres 1901.
	Francs.	Indiqués par ordre d'importance.		Francs.
Tabacs fabriqués.	403.300	Cochinchine.	Tonkin, Annam.	267.200
Huiles de coco, de sésame, d'arachide.	333.700	Annam.	Annam, Cochinchine.	502.100
Opium brut ou préparé.	1.994.700	Cochinchine, Tonkin.	Tonkin, Cochinchine, Annam.	2.988.300
Caoutchouc.	314.500	Annam.	Tonkin.	352.000
Espèces médicinales.	483.000	Annam, Tonkin, Cochinchine.	Annam, Tonkin.	339.900
Bois communs et exotiques.	3.324.100	Annam, Tonkin.	Tonkin.	1.886.900
Coton égrené ou non.	340.100	Annam, Cochinchine.	Annam, Tonkin.	338.500
Bambous et rotins.	463.400	Annam, Tonkin.	Tonkin, Annam.	357.900
Cunao.	201.800	Annam.	Tonkin	202.400

CABOTAGE — SORTIES
3 PREMIERS TRIMESTRES 1902

DÉSIGNATION DES PRODUITS	3 premiers trimestres 1903.	Principaux pays de provenance.	Principaux pays de destination.	3 premiers trimestres 1901.
	Francs.	Indiqués par ordre d'importance.		Francs.
Peaux brutes.	256.600	Cochinchine. Tonkin.	Annam.	182.000
Poissons secs.	2.342.500	Annam, Cochinchine, Tonkin.	Annam, Cochinchine, Tonkin.	1.140.900
Saumures et pâtes de poissons	9.033.100	Cochinchine, Annam.	Annam, Cochinchine.	4.334.100
Coquillages autres (madrépores).	290.300	Cochinchine	Annam.	564.100
Farines de froment.	246.800	Annam, Tonkin.	Tonkin.	209.300
Maïs en grains.	211.100	Annam.	Annam	156.300
Riz.	2.207.900	Annam, Tonkin.	Annam, Tonkin, Cochinchine.	2.388.900

DÉSIGNATION DES PRODUITS	3 premiers trimestres 1903.	Principaux pays de provenance.	Principaux pays de destination.	3 premiers trimestres 1901.
	Francs.	Indiqués par ordre d'importance.		Francs.
Légumes secs.	469.500	Annam, Cochinchine.	Annam.	689.700
Fruits de table.	265.400	Tonkin, Annam.	—	730.400
Fruits et graines oléagineuses.	227.400	Annam, Cochinchine.	—	234.500
Noix d'arec sèches	1.125.800	Tonkin, Annam.	Annam, Cochinchine.	1.715.300
Sucres blancs.	3.738.400	Annam, Cochinchine, Tonkin.	Annam.	3.065.600
Mélasses et sucres bruns.	3.106.600	Annam, Tonkin, Cochinchine.	—	1.263.000
Cannelle.	484.000	Tonkin, Cochinchine.	—	159.000
Poivre.	4.348.700	Cochinchine.	Cochinchine, Cambodge.	3 136.500
Thé	880.600	Annam, Tonkin.	Annam, Cochinchine.	841.500
Huiles de coco, de ricin, de sésame, d'arachide.	445.500	Annam, Cochinchine.	Annam.	406.800
Caoutchouc.	282.600	Tonkin.	—	573.800
Opium.	5.028.700	Cochinchine, Tonkin, Annam.	Cochinchine, Tonkin.	4.839.800
Espèces médicinales.	485.400	Annam, Tonkin.	Annam.	433.000
Bois communs et exotiques.	1.295.000	Tonkin, Cochinchine, Annam.	Annam, Tonkin.	820.600
Coton.	184.900	Annam.	Annam.	634.400
Tourteaux de graines oléagineuses.	502.300	Annam. Cochinchine.	—	296.600
Vins.	446.600	Annam, Tonkin.	Tonkin, Cochinchine.	370.900
Bière et limonade.	386.800	—	Cochinchine, Tonkin.	244.400
Eaux-de-vie.	214.600	—	Tonkin, Cochinchine.	186.200

C. — Transit.

1° TONKIN

	TROIS PREMIERS TRIMESTRES		DIFFÉRENCE EN FAVEUR DE	
	1901.	1902.	1901.	1902
	Francs.	Francs.	Francs.	Francs.
Hong-Kong au Yun-Nan . . .	18.716.275	12.556.753	6 059.522	»
Yun-Nan à Hong-Kong	7.023.685	7.337.744	»	314 059
Europe au Yun-Nan	16.774	836	14.938	»
Europe au Quang-Si.	»	7.215	»	7.215
Totaux . . .	25.756.734	19.902.548	6.074 460	321.274

Ici, il nous faut constater une moins-value de 4.750.000 fr. provenant du transit de Hong-Kong au Yun-Nan. On donne comme raison que les droits de douane à la réimportation (sel et opium) sont trop élevés pour que les commerçants chinois empruntent la voie du Fleuve-Rouge.

Tout le commerce de transit revient pour la plus forte part à l'Empire britannique, c'est-à-dire au grand entrepôt de Hong-Kong. Il n'est pas douteux que notre possession indo-chinoise, malgré la facilité qu'eût pu produire la proximité des pays et leur situation géographique réciproque, n'a pas pris au trafic des provinces méridionales de la Chine la part qui semblait devoir lui revenir en un très bref laps de temps.

La statistique complète du commerce au Tonkin pour 1900 — la seule sur laquelle il soit encore possible de raisonner — groupe ensemble es exportations de cette colonie vers les trois pays d'Extrême-Orient : Chine, Japon, Siam ; la valeur en a été estimée à 2.235.814 francs, non compris le numéraire. Les principaux envois comportent les articles suivants :

Poissons frais, 465.782 fr. ; semoules en pâte, 406.496 fr. ; riz cargo ayant plus de 33 p. 100 de paddy, 25.798 ; riz en farines, 30.834 fr. ; ciment, 683.580 fr. ; charbon, menu et criblé, 264.810 fr. ; tissus, 47.872, dont : (tissus de soie et de beurre de soie, 43.350).

La plupart de ces produits ne figurent pas sur les listes d'importation dans les régions de Mongtzé et de Long-Tchéou. Un fait analogue se produit en ce qui concerne la Cochinchine, dont les expéditions vers les pays d'Extrême-Orient ont atteint en 1900 la valeur de 3.995.719 francs et se composaient notamment des marchandises ci-après :

Animaux vivants, 38.037 fr. ; produits et dépouilles d'animaux, 60.142 fr. ; poissons secs salés ou fumés, 91.150 fr. ; crevettes, seiches, biches de mer, ailerons de requin ; algues marines, 11.781 fr. ; importation à Mongtzé en 1901, 11.899 fr. ; test de crevettes (fumier), 138.839 fr. ;

farineux alimentaires ; 2.745.444 fr. (riz en paille (paddy), riz entier, brisures, légumes secs en grains, biscuits de mer et pains).

Tabac indigène en feuilles, 267.608 fr. ; tabac chinois à fumer et à priser, cigares et cigarettes, 31.576 fr. ; sucres blancs en poudre, 11.503 fr. ; sucres bruns en galettes dites chinoises, 19.122 fr.; filaments, tiges et fruits à ouvrer, 316.563 fr. ; coton égrené, 324.923 fr. ; fils de soie, 16.201 ; tissus de soie, 14.872 fr. ; ouvrages de sparterie et de vannerie, 71.800 fr.

Les exportations de l'Annam vers les mêmes destinations, se chiffrant au total par 163.334 francs, consistaient en :

Animaux vivants (bœufs et porcs), 82.854 fr. ; produits de pêche (poissons secs), 48.285 fr.; matières dures à tailler (os et sabots de bétail bruts), 14.597 fr.; farineux alimentaires, 7.845 fr. ; filaments, tiges et fruits à ouvrer, 9.564 fr.; bois communs, 5.796 fr.; quatre autres produits, ensemble, 1.393 fr.

On voit le peu d'importance relative de ces chiffres. Au surplus, les articles qui viennent d'être énumérés, relativement à l'Annam et à la Cochinchine, ne rencontrent jusqu'à présent qu'une demande fort restreinte sur les marchés du Yun-Nan et du Kouang-Si ; dans ces catégories, les envois arrivant de diverses provenances restent encore très peu importants.

Les réexportations de toute l'Indo-Chine, pendant le même exercice, vers les trois pays déjà désignés, on été estimées à 2.527.609 francs, dont 423.523 francs pour les valeurs à la sortie du Tonkin. Les provinces méridionales de la Chine paraissent n'avoir reçu qu'une part fort restreinte des marchandises françaises ou étrangères ainsi réexpédiées.

Les importations réunies de la Chine, du Japon et du Siam en Cochinchine et au Cambodge se sont élevées, en 1900, à 6.056.451 francs. Mais elles se composaient de produits (riz en paille, farines, poteries, indigo, fils de lin, retors, écrus, caoutchouc et gutta-percha bruts, peaux brutes, écailles de tortue) qui manifestement n'intéressent pas le trafic passant par le Fleuve Rouge ou par la voie de Lang-Son.

Au Tonkin, les marchandises indiquées, en 1900, comme venant des trois pays d'Extrême-Orient, ont été évaluées en tout à 315.897 francs. Les articles pouvant être regardés d'une façon certaine comme originaires des régions chinoises voisines de la frontière sont en nombre fort limité. On ne peut guère signaler que, d'une part :

Les huiles fixes pures (lin, ravison, niger, coton, sésame, arachides) exportées du Kouang-Si, 29.857 kilogrammes, 17.616 francs.

De l'autre, les métaux arrivant du Yun-Nan, soit :

Les fers bruts en massiaux, prismes ou barres, contenant 4 pour 100 de scories au plus, 45 kilog., 4 fr. ; l'étain en masses brutes, saumons, barres ou plaques, 7.072 kilogrammes, 19.660 francs.

Il reste enfin à signaler, parmi les marchandises soumises au tarif spécial (décret du 28 décembre 1808) l'opium brut ou préparé, représentant pour une valeur de 956.653 francs ; ce produit peut être considéré comme provenant presque en totalité du Yun-Nan. Sous cette même rubrique les statistiques coloniales mentionnent encore, au nombre des importations chinoises au Tonkin, en 1900 :

Les porcelaines communes, blanches ou décorées d'une seule couleur, 956.653 fr. ; les papiers et enveloppes chinois de toute nature autres que ceux portant annonces ou réclames commerciales, 971.885 fr. ; le papier destiné au culte, 63.466 fr. ; les articles et pétards chinois, 512.210 francs.

Bien que ces articles doivent être rangés au nombre de ceux qui sont produits au Kouang-Si, cependant, ce n'est pas sans doute de cette province que vient la majeure partie de ceux qui sont introduits sous ces désignations dans notre colonie. En effet, les marchandises dont il s'agit ne figurent sur les listes d'exportation de la douane de Long-Tcheou que pour des quantités et valeurs très réduites, ainsi qu'il résulte des chiffres ci-après :

	Piculs.	Francs.
	—	—
Porcelaines grossières	84	1.442
Papiers	10	238
Papiers pour le culte	29	1 127
Artifices et pétards	23	948

Il convient toutefois de noter, dès à présent, avec satisfaction, certains indices qui permettent de penser que la situation actuelle sera modifiée bientôt, dans un sens favorable à notre pays. En particulier, deux faits mentionnés dans le dernier rapport du consul d'Angleterre à Pak-Hoï sont à signaler à ce sujet. D'une part, les Compagnies de navigation intéressées tentent actuellement d'organiser à Haïphong l'embarquement direct sur l'Europe de l'étain exporté du Yun-Nan. Si le projet aboutit, les navires français obtiendront, par an, 3.000 tonnes de fret aux dépens des bâtiments chargés à Hong-Kong. Il s'agit, d'autre part, du commerce des filés de coton représentant plus de la moitié des échanges avec le Yun-Nan. L'agent anglais à Long-Tchéou n'a-t-il pas reconnu que l'Indo-Chine est dans des conditions à devenir prochainement un compétiteur sérieux et que la production des deux filatures du Tonkin a réduit l'importation des filés pour le marché local de près de 7.500.000 francs.

Le transit, à travers la Cochinchine et le Cambodge, vers le Laos, Battambang et au Siam, est toujours assez inactif. On constate cependant qu'il aurait quelque tendance à s'améliorer. Le transit vers Battambang atteint, en effet, pour les trois premiers trimestres de 1902 : 569.588 francs contre 355.451 francs en 1901. Soit une plus-value de 200.000 francs, qui porte presque entièrement sur les tissus de coton.

D. — Récapitulation.

Mouvement commercial des trois premiers trimestres 1902, comparé à celui des trois premiers trimestres 1901 :

	TROIS PREMIERS TRIMESTRES		DIFFÉRENCES	
	1902.	1901.	En plus.	En moins.
	Francs.	Francs.	Francs.	Francs.
Commerce extérieur. . .	315.678.070	275.270.755	40.407.315	
Commerce intérieur. . .	117.519.484	104.943.602	12.575.882	
Transit . . .	20.785 925	27.790.689		6.004.764
Totaux. . .	453 983.479	407.005.046	52.983.197	6.004.764

Augmentation totale : 46.978.433 francs.

Le mouvement commercial des trois premiers trimestres 1902 se traduit, en valeurs, par la somme de : 453.983.479 francs, numéraire non compris. Il accuse ainsi, par rapport à la période correspondante de l'année 1901, un excédent de 46.978.433 francs.

Avions-nous raison, au début, en déclarant que devant de pareils chiffres, il devenait difficile, aux moins optimistes comme aux plus prévenus, de ne pas reconnaître le pas considérable fait, en quelques années à peine, par l'Indo-Chine dans la voie des échanges et des relations économiques avec la France et l'étranger?

Les tableaux et relevés [1] qui précèdent ne seraient pas complets si nous ne les faisions suivre de quelques renseignements complémentaires sur les exportations de riz qui représentent, à elles seules, jusqu'à ce jour, l'élément principal du commerce extérieur de l'Indo-Chine.

Nous reproduisons ci-dessous le tableau communiqué par la Direction Générale des Douanes et Régies :

1. « Les statistiques officielles ne donnent qu'un aperçu incomplet de l'augmentation du tonnage, car si l'on veut arriver à une exactitude absolue, il faut tenir compte de la transformation des riz par l'industrie du décortiquage. Les usines, rares il y a dix ans, se multiplient aujourd'hui; le riz brut, ou paddy, est traité sur place et sort de plus en plus sous la forme de riz blanc, de riz cargo, de farines, produits moins encombrants, d'un transport plus facile et moins onéreux.

» Le tonnage à l'exportation indiqué par les statistiques ne fournit donc qu'une notion imparfaite de la surproduction des riz indo-chinois. Mille tonnes de paddy produisent 600 tonnes de riz blanc ou 750 tonnes de riz cargo. En exprimant en tonnes de paddy le total de l'exportation des riz manufacturés, on obtient la véritable impression du développement de la production de riz. »

(*Situation de l'Indo-Chine*, par M. Paul Doumer, page 147.)

Exportations de Riz.

DESTINATIONS	Annam.	Tonkin.	Cochinchine.	Cambodge.	Indo-Chine
RIZ EN PAILLE PADDY					
France.		21	45		66
Colonies françaises.		38			38
Pays d'Europe . . .			2		2
Chine, Japon . . .	136	67	236	43	484
Pour les entrepôts de Singapore . . .	88		824	57	970
Pour les entrepôts de Hong Kong . .	34	248	34.734		35 017
Pour les autres pays d'Asie, d'Afrique, d'Amérique et d'Océanie. (Philippines, Java)			235		235
Tonnes.	259	376	36.076	101	36 815
RIZ CARGO					
France.			66.217		66.217
Colonies françaises.		42			42
Pays d'Europe. . .			14.314		14.314
Chine, Japon. . . .	213	8.857	7.201	5	16 277
Siam.			5		5
Entrepôts de Singapore	25		138	16	180
Entrepôts de Hong-Kong	2.214	116.815	30.609		169.639
Autres pays			1.606		1.607
Tonnes.	2.454	125.715	140.063	21	268 285

N. B. — Dans ce tableau, nous tenons compte des centaines de kilos dans les *totaux*, ce qui explique que l'addition des unités de tonnes ne paraît pas toujours exacte.

DESTINATIONS	Annam.	Tonkin.	Cochinchine.	Cambodge.	Indo-Chine.
BRISURES DE RIZ					
France.			34.621		34.621
Colonies françaises.			55		55
Pays d'Europe			435		435
Chine, Japon.			460		460
Entrepôts de Hong-Kong.			12.560		12 560
Tonnes			48.133		48.133
FARINES ET POUSSIÈRES					
France.			964		964
Pays d'Europe			42.674		42.674
Entrepôts de Singapore			602		602
Entrepôts de Hong-Kong			81.973		81.973
Tonnes			126.216		126.217
RIZ ENTIER BLANC					
France.		130	94.635		94.635
Colonies françaises.		419	21.935		22.065
Chine, Japon.			33.605	1	34.161
Siam	65		6	3	9
Pour les entrepôts de Singapore	8		6.337		6 .346
Pour les entrepôts de Hong-Kong.			110.249		110.254
Pour les autres pays.			367 068		367.068
Tonnes	73	626	635.444	4	636 149

Si nous additionnons les exportations du riz de l'Indo-Chine, sous toutes ses formes, nous voyons qu'elles ont dépassé, pour la première fois, le chiffre de *un million de tonnes* [1].

On peut dire que depuis six ans l'augmentation a été à peu près ininterrompue. Voici, en effet, les chiffres tels que les a publiés la Direction générale des Douanes et Régies :

En 1897	775.154	tonnes.
En 1898	804.578	—
En 1899	894.954	—
En 1900	915 635	—
En 1901	911.754	—

Les exportations de la Cochinchine et du Tonkin se répartissent de la façon suivante :

	Cochinchine.	Tonkin.
	—	—
En 1897.	637.570	136.692
En 1898.	715.318	88.620
En 1899.	798.794	95.250
En 1900.	739.503	168.622
En 1901	758.539	150.818
En 1902.	985.966	126.718

Il y a lieu de remarquer, dans le grand tableau précédent, le nouveau et considérable gain du *riz blanc* de Cochinchine, qui a dépassé 635.000 tonnes en 1902 contre 160.000 en 1895 et 481.909 tonnes en 1901.

1. Exactement 1 million 115.601 tonnes.

Si nous ramenons toute l'exportation à la même mesure, *c'est-à-dire au paddy*, en comptant 1.299 kilos de paddy pour fournir une tonne de riz cargo 20 pour 100 et 1.666 kilos pour fournir une tonne de riz blanc, les chiffres suivants donneront une idée plus juste de l'extension de la culture en Cochinchine, à sept ans d'intervalle.

Exportation de Cochinchine en paddy.

En 1895.	814.416	tonnes.
En 1901.	986.235	—
En 1902.	1.286.702	—

Soit un gain de 300.000 tonnes sur 1901 et de 472.000 tonnes sur 1895.

Enfin, il y a également lieu de noter une nouvelle augmentation dans les expéditions pour la France, qui s'élèvent au chiffre global de 196.503 tonnes.

Expéditions de riz de Cochinchine en France.

RIZ SOUS TOUTES SES FORMES

En 1897	86.962	tonnes.
En 1898	152.230	—
En 1899	107.369	—
En 1900	140.964	—
En 1901	170.286	—
En 1902	196 503	—

Un autre fait à relever nous paraît être le chiffre relativement faible auquel se maintiennent les expéditions de riz de Cochinchine sur Hong-Kong, depuis 3 ans :

En 1900	283.180 tonnes.
En 1901	230.564 —
En 1902	290.125 —

alors qu'en 1899 l'exportation avait atteint jusqu'à 409.150 tonnes. A noter aussi dans cette exportation les quantités considérables de *farines* et *poussières* (81.974 tonnes en 1902).

Enfin, les *Philippines* et les *Indes Néerlandaises* continuent à être les plus grosses consommatrices de riz cochinchinois (367.068 tonnes en 1902, contre 306.476 tonnes en 1901).

Nous ne pouvons malheureusement retrouver dans les documents officiels la part de chacune d'elles. En nous reportant à la statistique fournie par la Chambre de commerce de Saïgon, nous trouvons :

Philippines : 262.018 tonnes, contre 146.662 en 1901.

Indes Néerlandaises : 119.913 tonnes, contre 172.292 en 1901.

Par suite de la rareté des pluies tombées en automne 1902, la récolte du cinquième mois n'a pas été, cette année, aussi brillante que celle des années précédentes et les exportations s'en sont naturellement ressenties. Les statistiques accusent en effet une diminution sensible dans les sorties du port de Saïgon, pour le premier semestre de l'exercice en cours : 398.119 tonnes de riz (paddy, brisures et farines) contre 480.578 tonnes pendant le premier semestre de 1902.

Ces expéditions se décomposent de la manière suivante en ce qui concerne les destinations :

Pays de destination.	1er semestre 1902.	1er semestre 1903.
France	73.735	50.996
Colonies françaises	19.176	2 167
Ports d'Europe.	7.552	2.109
Port-Saïd, à ordres	44.792	»
Indes néerlandaises	61.493	9.172
Singapore	2.441	2.707
Philippines	122.774	113.617
Hong-Kong	128.742	150.316
Autres ports de Chine.	17.981	»
Annam et Tonkin	»	323
Japon.	361	64.654
Divers.	1.534	1.517
Totaux	480.578	398.118

Bien que très notablement inférieures aux envois de 1902, les expéditions en 1903 sont encore supérieures à celles du premier semestre 1900 et 1901.

CHAPITRE VIII

Au sujet des craintes exprimées par certaine école économique. — L'Indo-Chine ne peut concurrencer la France. — Son marché naturel, c'est la Chine avec ses quatre cent millions d'habitants. — Les câbles et les lignes de navigation. — Du rôle des Chinois dans l'œuvre économique.

Le développement économique de l'Indo-Chine s'est très souvent heurté à l'opposition soulevée en France par l'école protectionniste, qui ne veut voir dans la prospérité commerciale de la Colonie qu'une cause d'affaiblissement pour la métropole. Pour cette école, l'extension du mouvement industriel du Tonkin ne peut se faire qu'au détriment des industries françaises, qui subiraient, de ce fait, une concurrence d'autant plus redoutable que les conditions de production sont, en Indo-Chine, beaucoup moins onéreuses qu'en France.

Ces craintes sont-elles fondées? Nous ne le croyons pas.

En premier lieu, le problème doit être, à cette heure, posé autrement. Dire que l'Indo-Chine doit ou peut concurrencer la métropole, c'est méconnaître les intérêts mêmes de l'Indo-Chine et oublier sa situation en Extrême-Orient ; c'est confondre le juste souci de l'industrie métropolitaine avec la nécessaire exploitation des richesses de l'Indo-Chine. Ceci ne doit pas nuire à cela. Et mieux, ceci doit compléter cela. En d'autres termes, l'industrie coloniale est à créer pour faire ce que l'industrie française ne fait et ne peut pas faire, c'est-à-dire pour envoyer ses produits là où les produits métropolitains ne vont pas et ne peuvent pas aller.

« Si l'on constate, par exemple, que l'industrie de la métallurgie métropolitaine ne peut fournir et ne fournit pas, en fait, la moindre partie du fer que l'Extrême-Orient demande en quantités considérables et croissantes, s'il y a, en Indo-Chine, tous les éléments d'une production métallurgique à bon marché, on doit inciter et encourager les industriels français à créer des établissements en Indo-Chine, qui joue bien, pour eux, dans ce cas, le rôle de base d'action nouvelle. Un établissement métallurgique, fondé sur terre française, avec des capitaux, des ingénieurs, des contremaîtres français, pour substituer, en partie au moins, ses rails, ses fers de construction, ses machines, aux produits similaires des usines étrangères, donnerait à la France des bénéfices indéniables.

» L'exemple donné pour le fer s'applique aux ciments, aux filés de coton, à cent autres produits que l'industrie nationale ne peut exporter en Asie. C'est dans cette voie que la colonisation industrielle doit être engagée[1]. »

En second lieu, croire que l'Indo-Chine peut se poser en rivale de la métropole, c'est ignorer que les produits indo-chinois ont un débouché tout naturel, un débouché certain et rémunérateur, en Chine, territoire immense, peuplé de quatre cents millions d'habitants, et qu'avant de franchir la distance considérable qui les sépare des marchés français où ils viendraient, frappés d'un frêt coûteux, concurrencer les produits nationaux, ils iront, à très peu de frais, en Chine, dont ils ne sont séparés que par une centaine de kilomètres. C'est une vérité d'ordre économique qui par son évidence se passe même de tout développement.

La Chine est, en effet, le marché tout indiqué de l'Indo-Chine; c'est en Chine qu'iront et les articles ouvragés, et les produits manufacturés, et

1. *Situation de l'Indo-Chine (1897-1901), loc. cit.*, page 61.

les objets de consommation livrés par notre colonie. Débordant de ses quatre cents millions d'habitants, l'Empire Chinois a de grands besoins, auxquels il ne peut lui-même répondre, faute de sécurité, faute d'activité industrielle, faute aussi de capitaux et d'organisation sérieuse. L'anarchie, le désordre, les incursions des pirates empêcheront ce pays d'exploiter, d'ici longtemps, les richesses qu'il renferme, en abondance, et de se livrer à l'exploitation soit agricole, soit industrielle de ses éléments divers de vitalité et d'énergie. Or, la France n'exporte qu'en proportions très faibles, en regard du chiffre qu'accusent le commerce anglais et les statistiques allemandes. Nous ne parlons ni des États-Unis ni du Japon, dont les produits envahissent de plus en plus les marchés chinois. L'Indo-Chine, située aux portes mêmes de la Chine, en communications directes, constantes et faciles avec la Chine est, ce semble, tout indiquée pour suppléer la métropole dans cette lutte mondiale dans l'Empire du milieu et pour trouver le stimulant nécessaire à son expansion économique.

L'industrie française n'a donc rien à redouter du mouvement qui se dessine au Tonkin et dont, il faut l'espérer, un avenir prochain verra le plein épanouissement. Ce que l'industrie tonkinoise fabriquera et exportera sera précisément ce que la métropole ne peut, elle, fournir qu'à des prix trop élevés pour être rémunérateurs même pour elle, ou ce qu'elle ne peut produire parce que l'éloignement ne lui permet pas de pénétrer dans les marchés acheteurs. Loin d'y trouver une rivale, l'industrie française ne doit voir dans la jeune industrie d'Indo-Chine qu'une auxiliaire précieuse et utile, destinée à la remplacer, à la suppléer et à faire apprécier, contre l'industrie anglaise, allemande ou américaine, la supériorité de ses méthodes et l'excellence de ses procédés.

Et en dehors du Quang-Si et du Quang-Tong, le Tonkin peut encore trouver de nouvelles sources de profit dans la pénétration économique d'une des provinces, peut-être la plus réputée de l'Empire chinois, le Yun-Nan. Dans quelques années, lorsqu'au lieu d'emprunter la voie du Fleuve Rouge, difficile, longue et parfois incertaine, les marchandises pourront être drainées directement et rapidement par la voie ferrée, n'est-il pas évident qu'Hanoï et qu'Haïphong deviendront les aboutissants nécessaires d'un commerce d'échanges que la tranquillité et le bon voisinage rendront de plus en plus actif et puissant. Car les raisons, soit politiques, soit commerciales qui ont fait que jusqu'ici ces échanges se sont faits par la voie coûteuse de la rivière de Canton, le Quang-Si et Pak-Hoï n'existeront plus, du jour où les marchandises pourront être directement, à peu de frais et en peu de temps, transitées à Haïphong et de là embarquées pour la Chine, Hong-Kong et Singapour. Certes, nous ne tomberons pas dans l'erreur commise par quelques enthousiastes irraisonnés du Tonkin qui voyaient déjà dans Haïphong le grand port de l'Extrême-Orient, détrônant Hong-Kong. Il faut se défendre de ces projets chimériques. Mais rien n'empêche de penser, surtout si les travaux projetés à Haïphong sont exécutés un jour et si ce port est doté, d'une part, de quais et d'appontements, et rendu, de l'autre, accessible aux navires d'un fort tonnage, qu'il ne parvienne, très rapidement, à être un des ports de commerce les plus actifs et les plus fréquentés des mers de Chine.

Ces espérances imposent de grands devoirs en même temps qu'elles précisent le problème. L'Indo-Chine possède de nombreux ports : Haïphong, Tourane, Saïgon, pour ne citer que les plus importants. Aucun n'est en état, à cette heure, de soutenir le rôle qui doit lui échoir un jour.

On a beaucoup fait jusqu'à présent pour l'Indo-Chine dans l'ordre matériel : routes, chemin de fer. Il importe qu'on se préoccupe un peu de l'état de ses ports et que les travaux d'aménagement, d'agrandissement, de dragage, longtemps promis, toujours ajournés, soient résolument entrepris. Il y va de l'avenir de la colonie.

Il faut, d'une part, que l'Indo-Chine devienne, par un réseau de câbles, l'un de nos centres nerveux en relations rapides avec la Chine, les îles néerlandaises et américaines du Pacifique occidental, plus tard l'Australie et tous les archipels du Pacifique. La construction de ce réseau sous-marin est commencée; il est à souhaiter que l'achèvement en soit assidûment poursuivi.

D'autre part, c'est l'Indo-Chine qui doit représenter la France, économiquement et politiquement, vis-à-vis de la Chine et de tous les autres États de l'Extrême-Orient. Le budget général étend son action bienfaisante fort au delà des limites de nos possessions; il y aurait quelque injustice à taxer de somptuaires les subventions allouées aux hôpitaux, aux écoles, aux bureaux de poste français de diverses villes d'Extrême-Orient.

Il est également indispensable que les divers services de navigation, subventionnés ou non, si négligés et si insuffisants, que le commerce du cabotage, à l'état encore trop embryonnaire, soient étudiés et corrigés dans le sens des améliorations qu'un juste souci des intérêts de l'Indo-Chine rend chaque jour plus urgentes et plus nécessaires. Tout, ou à peu près, est à faire dans cet ordre d'idées. Cela paraît même incroyable. Il semble même qu'on se plaise à aggraver la durée des voyages et à décourager ceux qui seraient tentés d'aller plus loin. A peine si un effort sérieux a été tout récemment tenté. Lorsqu'on sera entré dans la période véritablement active, lorsque des bateaux français sillonneront en tous sens, comme les pavillons anglais et allemands, les mers d'Extrême-Orient et les grands fleuves navigables, lorsqu'entre Canton, Hong-Kong, Shang-Haï et Haïphong des services réguliers seront établis, lorsque nos marchandises descendront par le Yang-Tsé vers les riches contrées du Han-Kéou, il n'est pas téméraire de prévoir les changements heureux qui en résulteront en très peu de temps pour l'Indo-Chine. Cela fait partie de tout un plan de réformes maritimes réclamées depuis déjà de longues années. Il faut, en effet, que le Tonkin, si l'on veut sérieusement aider à son expansion commerciale et industrielle, soit en rapports faciles, immédiats, répétés avec les principaux ports de Chine et que des relations fréquentes et soutenues s'établissent désormais entre les centres exportateurs et importateurs.

Il résulte de toutes ces considérations que l'on ne saurait trop préconiser l'emploi des mesures susceptibles de favoriser notre pénétration économique en Chine. Il semble que celle-ci ait été plutôt sacrifiée jusqu'ici et que l'on ait trop vu dans les Chinois, non des auxiliaires et des stimulants, mais des concurrents et des rivaux. C'est ainsi que l'on peut expliquer les droits à l'exportation en Chine et les tracasseries fiscales ou autres dont les Chinois ont été l'objet en Indo-Chine. Longtemps encore l'Annamite vivra dans sa rizière, ou dans sa maison, ignorant le mécanisme des affaires, et fermé aux entreprises qui demandent beaucoup d'argent, de l'intelligence et de la pratique. Le Chinois, au contraire, a l'âme des affaires. Respectueux envers nous, tout au moins de leurs engagements, adroits, avisés, le plus souvent intéressés dans les maisons européennes pour lesquelles ils agissent comme compradors, établis dans les villages, mariés avec des femmes annamites, les Chinois [1] sont à cette heure les principaux facteurs de l'activité économique de l'Indo-Chine. A leur contact, l'Annamite prendra sûrement le goût, le sens et la pratique des affaires. Loin de les persécuter ou de les tracasser, notre intérêt est au contraire de les attirer en Indo-Chine et de les y employer. Non seulement l'Indo-Chine profitera de leur activité,

1. A Saïgon (Rue Catinat), à Hanoï, à Faifo, à Tourane, à Tuyen-Quan, à Bac-Ninh, la plupart des boutiques sont tenues par des Chinois. Je ne parle pas de Cholon, devenu un vrai centre d'activité chinoise.

de leurs connaissances, de leurs capitaux pour la mise en valeur de ses propres richesses, mais encore trouvera en eux, pour le rapprochement de plus en plus étroit qu'il s'agit d'établir entre notre colonie et l'Empire Chinois, les agents les plus précieux, les plus utiles et les plus intelligents.

CHAPITRE IX

La question monétaire. — La piastre et la dépréciation de l'argent. — De l'influence de la baisse de la piastre sur le développement économique de l'Indo-Chine. — Les solutions proposées. — L'Indo-Chine est avant tout un pays d'exportation. — L'équilibre budgétaire doit être sa préoccupation principale. — La crise de la sapèque. — Du danger de laisser plus longtemps l'indigène exposé aux fluctuations de la ligature.

Au point où nous sommes arrivés, le développement économique de l'Indo-Chine apparaît comme une succession de problèmes, comme une série de données étroitement reliées entre elles et qu'il importe, si l'on ne veut pas être exposé à compromettre l'ensemble, d'examiner en leurs divers éléments, de dissocier et de solutionner avec le juste souci des applications pratiques et des nécessités permanentes. Tel est, en particulier, le cas du régime monétaire. Nous abordons ici une des questions, peut-être les plus discutées de l'heure présente. Chacun a parlé, chacun a écrit, chacun a donné son avis.

Des commissions ont été instituées. Elles ont fonctionné, enquêté. Et cependant nulle solution n'a encore prévalu. C'est que rarement aussi on a vu tant de divergences se faire jour. Il convient d'observer que le problème est singulièrement délicat et qu'il touche à la source même des revenus de la colonie. On ne saurait par suite être trop prudent dans la façon dont il conviendra de poser la question et dans les conclusions que l'on en pourra tirer.

L'unité monétaire en Indo-Chine, comme du reste dans tout l'Extrême-Orient, est la piastre d'argent. C'est la monnaie que nous avons trouvée quand nous nous sommes établis dans la colonie, et l'ayant acceptée, il n'a plus été possible depuis de la remplacer par une autre. Du reste, les conditions économiques de l'Indo-Chine sont telles qu'une modification du système financier n'eût pas été sans présenter de très graves dangers. La colonie est, nous l'avons vu, un pays de grande exportation pour sa production principale, le riz. Les quantités considérables de riz exportées le sont presque toutes dans les pays d'Extrême-Orient qui ont la piastre pour seule monnaie et —

c'est là un côté essentiel de la question — qui ne peuvent pas payer autrement qu'en piastres. D'où la nécessité impérieuse pour l'Indo-Chine de conserver la piastre tant que cet état de choses existera, autrement dit tant que la Cochinchine et le Tonkin, produisant plus de riz qu'ils n'en consomment, en exporteront en Chine pour une valeur supérieure à celle des produits qu'ils demandent à ce pays.

Jusqu'en ces dernières années, la piastre s'étant maintenue à un taux à peu près uniforme, la question monétaire proprement dite n'avait pas autrement retenu l'attention, mais une lente et persistante dépréciation de l'argent ayant amené de brusques et fortes fluctuations du taux de la piastre, il en est résulté une perturbation des plus préjudiciables, non seulement dans la situation budgétaire de la colonie, mais aussi dans l'ensemble des opérations commerciales.

Le rapport de 1 à 15 1/2 a subsisté jusqu'en 1872-1873, entre l'or et l'argent. En 1873, l'Allemagne adopta l'étalon d'or et vendit une grande partie de son stock d'argent. Cette mesure coïncidait avec une production d'argent plus intense, particulièrement au Mexique et aux États-Unis, où les mines adoptèrent de nouveaux procédés d'extraction et des moyens perfectionnés de traitement.

Cette surproduction ne fit que s'accroître dans les années subséquentes. Avant 1876, les mines fournissaient moins de 2 millions de kilogrammes d'argent annuellement et voici le tableau de l'extraction d'argent de 1876 à 1901.

Années.		Moyenne annuelle.
—		—
	Kilog.	Kilog.
1876 à 1880. . . .	10.979.273	2.195.854
1881 à 1885. . . .	13.307.285	2.661.457
1886 à 1890. . . .	16.937.362	3.387.472
1891 à 1895. . . .	24.468.560	5.893.712
1899 à 1900. . . .	26.072.293	5.214.458
1901. . . .	5.500.000	5.500.000

Il ressort de cette statistique que la production de l'argent, dans les dernières 26 années, a plus que doublé.

Dans cette même période, plusieurs Etats ont adopté l'étalon d'or ; il en résultait que, tandis que la production de l'argent ne faisait que s'accroître, son usage, en tant que monnaie d'échange, trouvait de moins en moins d'emploi.

Il est vrai que l'emploi industriel de ce métal s'accrut considérablement, mais cependant pas dans une proportion suffisante pour compenser la surproduction des mines et la démonétisation de l'argent circulant.

Il convient d'ajouter que l'usage industriel de l'argent est entravé, en France, par le droit de contrôle de 20 francs par kilo pour une matière tombée aujourd'hui à 80 francs.

Dans ces conditions, la chute était irrémédiable.

C'est ainsi que la piastre qui, il y a quelques années, était encore à 3 francs et même 3 fr. 50, est tombée, suivant une dépression continue, au-dessous du cours de 2 francs, pour se maintenir finalement aux environs de ce taux. On voit tout de suite les bouleversements qu'une pareille baisse a pu produire et l'émotion qui dut en résulter dans tous les milieux.

Les répercussions auxquelles cette baisse a donné lieu peuvent être envisagées à un triple point de vue : au point de vue de la fortune des particuliers, au point de vue du commerce en général, enfin au point de vue de l'équilibre budgétaire.

La nécessité d'avoir en caisse la monnaie qui a cours dans le pays où ils exercent leur industrie ou leur commerce, oblige les commerçants et industriels, établis en Indo-Chine, à transformer en piastres la plus grande partie de leur avoir. Chaque nouvelle baisse de la piastre se traduit, par suite, pour eux, par une diminution de fortune et leurs bénéfices, en admettant qu'ils n'éprouvent aucune variation au point de vue du rendement commercial, subissent une dépréciation par ce fait seul que les rentrées s'opèrent en piastres.

C'est ainsi, par exemple, qu'un commerçant qui gagnait 10.000 piastres, en dépensait 4.000 et mettait 6.000 piastres de côté, soit 15.000 francs quand la piastre valait 2 fr. 50, toutes choses égales d'ailleurs, ne verra plus sa fortune augmenter annuellement que de 12.000 francs, avec la piastre à 2 francs.

Si l'on admet que l'on peut faire une exception pour ceux qui possèdent un stock de marchandises dont le trafic a lieu en francs, et s'il est vrai qu'ils ne subissent aucune dépréciation sur la partie de leur fortune représentée par ce stock, leur bénéfice, évalué en piastres, n'en subira pas moins les fluctuations indiquées plus haut, et nous verrons tout à l'heure que la baisse de la piastre pourrait rendre leur commerce plus difficile et moins prospère.

La véritable exception n'existe que pour ceux dont la fortune pourrait consister en titres (mais l'Indo-Chine compte si peu de rentiers) et pour ceux qui se trouvent propriétaires de terrains dans certaines villes, où la propriété a pris une plus-value considérable.

On peut donc affirmer, qu'à de très rares exceptions près, la baisse de la piastre a eu pour effet de diminuer, en principe, la fortune et de réduire les bénéfices des Européens, mais il est bon d'ajouter que comme la plupart d'entre eux n'éprouvent pas le besoin de transformer leur fortune en monnaie à étalon d'or, cette perte est surtout théorique, et que d'un autre côté cette même diminution de la piastre a souvent amené un accroissement de transactions commerciales dont les bénéfices ont compensé, et au delà, les réductions que nous venons de constater.

La répercussion de la baisse de la piastre sur la situation propre des indigènes a été beaucoup moins sensible : ceux qui ne produisent pas des denrées et objets consommés dans la colonie s'en aperçoivent à peine, puisque la base de leurs transactions est la piastre, mais la piastre dégagée de toute préoccupation de change, c'est-à-dire qu'elle représente toujours pour eux le même nombre de cents et de sapèques. D'autre part, leurs achats en produits européens, sur lesquels se fait sentir la répercussion du change, sont fort peu importants et pour eux, l'augmentation de dépenses est de ce fait à peu près insignifiante.

D'autre part, ceux qui produisent des denrées et objets d'exportation dont la vente à l'étranger se fait en or, peuvent bénéficier, dans une certaine mesure, de la baisse de la piastre. Pour un produit valant, en effet, 2 fr. 50, la parité ancienne, à 2 fr. 50 la piastre, était de 1 piastre, tandis qu'à l'heure actuelle, à 2 francs la piastre, elle est de 1 dollar 25, soit de 0 dollar 25 de bénéfice au profit du vendeur indigène, pour qui la piastre conserve toujours la même valeur.

Hâtons-nous cependant d'ajouter que ce bénéfice est loin d'être tout entier pour l'indigène : peu au courant de toutes ces questions de change, ce dernier, en effet, défend mal ses intérêts contre les acheteurs des grosses maisons d'exportation, qui lui font des avances et savent profiter de la presque totalité de cet écart.

En résumé, au point de vue indigène, les conséquences de la baisse de la piastre peuvent au demeurant être considérées comme à peu près nulles, pour les uns comme pour les autres.

Nous allons maintenant examiner les conséquences de la baisse de la piastre sur le commerce général. Voyons d'abord la répercussion produite sur les importations.

Les valeurs des produits qui sont cotés dans la plupart des marchés internationaux, l'étant en francs, shillings ou marks, c'est-à-dire en espèces fixes, ne sont influencées que par les lois de l'offre et de la demande qui régissent ces articles. On peut donc dire que les fluctuations de la piastre n'ont aucune action sur les cours du marché mondial.

Par contre, les produits importés en Indo-Chine conservant une valeur constante en or, la baisse de la piastre se traduit pour les importateurs par une majoration des prix.

Prenons un exemple ; supposons un objet quelconque valant 2 fr. 50 ou 2 shillings ou 2 marks ; si la piastre est à 2 fr. 50, on le paiera une piastre ; mais si celle-ci est à 2 francs, on le paiera 1 $ 25.

La valeur de la piastre restant sensiblement la même dans l'intérieur du pays, il y aura pour le consommateur une perte sèche de 0 $ 25 dans l'opération sus-indiquée.

D'où, sans que la valeur de l'objet subisse de fluctuations sur le marché international, une hausse de 25 pour 100 par 0 fr. 50 de baisse sur la piastre pour tous les articles importés en Indo-Chine par les pays européens.

Si cette hausse n'est pas contrebalancée par une augmentation générale de bien-être, la conséquence économique indiscutable est une diminution du nombre des acheteurs, et, en dernière analyse, une diminution des importations.

S'il se produisait, il est vrai, par hasard, sur un article, une baisse correspondante à la plus-value demandée, celle-ci faisant contre-poids, la balance se rétablirait. Mais ce sont là des cas exceptionnels, sur lesquels l'on ne saurait tabler, pas plus qu'on ne saurait les faire entrer en ligne de compte dans une discussion sérieuse.

Ajoutons qu'en Indo-Chine, les acheteurs de produits d'importation sont pour la plus grande partie les fonctionnaires payés en francs, auxquels ces produits sont vendus en francs et pour lesquels, par conséquent, les différences de change n'existent pas.

Les conséquences de la baisse de la piastre sur les exportations sont naturellement toutes différentes. Étant donné, en effet, que la valeur internationale du produit est invariable, et qu'il en est sensiblement de même pour sa valeur intérieure, sur laquelle la baisse de la piastre, ainsi que nous l'avons déjà vu, n'a qu'une répercussion infime : si cet objet vaut 1 piastre dans le pays, on en donnera 2 fr. 50 ou 2 shillings, ou 2 marks pour l'exporter, si la piastre est à 2 fr. 50, et on pourra n'en demander que 2 francs ou 1 shilling 7 1/2 ou 1 mark 60, si elle est à 2 francs.

De là une facilité plus grande d'exportation pour les commerçants indo-chinois, soit par le prélèvement d'un bénéfice supérieur, soit par la possibilité de concurrencer victorieusement, grâce aux bas prix, des pays à étalon d'or.

Pour les importations, comme pour les exportations, ces principes sont rigoureusement exacts en ce qui concerne les importations et les exportations d'articles cotés en monnaies européennes. Mais pour les articles cotés en piastres et provenant de pays, ou destinés à des pays ayant l'étalon d'argent, la base des transactions étant la piastre, ces éléments, gênant les importations et facilitant les exportations, n'ont plus la même importance, à moins que le pays à étalon d'argent, qui sert de contre-partie, au lieu d'être un pays producteur, soit un simple transitaire traitant avec des pays à étalon d'or. Il est à peu près certain que, dans ce cas, la répercussion se faisant sentir tout d'abord chez lui, l'Indo-Chine indirectement en subirait le contre-coup.

Il semble donc démontré que la baisse de la piastre est, à première vue, un élément favorable au développement économique du pays. D'une part, en effet, l'augmentation de valeur des produits importés est, pour les producteurs locaux, qui eux n'ont aucune hausse à subir, une facilité plus grande de concurrencer les produits étrangers. Il y a là un encouragement à la création d'usines destinées à produire les marchandises importées et dont le prix de vente deviendrait de ce fait plus rémunérateur. D'autre part, les facilités d'exportation indiquées plus haut peuvent permettre aux industriels d'augmenter leurs moyens de production, les fluctuations de la piastre les aidant à trouver des débouchés certains pour leurs produits.

On peut affirmer que si, pour des pays de transit, vivant principalement par l'importation, tels les Strait-Settlements ou Hong-Kong, la baisse de la piastre crée de grosses difficultés, cette même baisse facilite les affaires des pays producteurs. C'est elle qui a beaucoup contribué au développement industriel et commercial du Japon. On le vit bien lorsqu'au 1er octobre 1897, il adopta l'étalon d'or. Dès ce moment, sa prospérité économique fut loin de suivre la même marche ascendante qu'auparavant.

Les liens qui rattachent l'Indo-Chine à la métropole et la façon dont on comprend en France, dans certains milieux le rôle des colonies, entravent l'essor colonial, principalement dès qu'il s'agit d'y fonder des industries soi-disant rivales de celle de la mère-patrie et qui ne seraient en réalité que leurs filliales. Aussi, au point de vue économique, l'Indo-Chine est-elle loin d'avoir tiré tout le parti qu'elle aurait pu de la baisse de la piastre. Elle en a cependant recueilli certains avantages, comme l'augmentation du chiffre des affaires qui est venu compenser, pour ses industriels et ses commerçants, la perte qu'ils ont pu subir sur leurs capitaux ou leurs bénéfices.

Prenons maintenant l'ensemble des opérations commerciales de l'Indo-Chine.

Les données exactes faisant défaut pour classer les produits importés et exportés, en produits payés en monnaies à étalon d'or et en monnaies à étalon d'argent, car les marchandises étrangères manquent souvent de certificat d'origine, il faut faire ce classement d'une façon approximative, en s'efforçant de se rapprocher, le plus possible, de l'exactitude.

	Importations réglées en or.	Importations réglées en argent.
	—	—
Toutes les importations de France et d'Europe sont réglées en or, environ. . .	106.000.000	
Les importations classées sous le titre de Chine et Japon sont réglées en argent pour tout ce qui provient du Japon, mais les importations de Chine, thé, soies, et chinoiseries diverses, sont beaucoup plus importantes que celles du Japon ; on peut donc affirmer que les neuf dixièmes environ viennent de Chine, soit . .	2.000.000	16.000.000
Le règlement des marchandises provenant du Siam et de la Birmanie se fait en piastres, soit environ . . .		5.000.000
Pour Singapore et Hong-Kong la difficulté est plus grande : les vendeurs de ces pays sont en effet, tantôt des négociants travaillant pour leur propre compte, et alors ils traitent en piastres, tantôt de simples courtiers travaillant pour le compte de maisons européennes, et les affaires se traitent en monnaies d'Europe.		
A reporter.	108.000.000	21.000.000

	Importations réglées en or.	Importations réglées en argent.
	—	—
Report.	108.000.000	21.000.000
L'examen du tableau indiquant le détail des importations nous permet de déterminer à peu près la proportion suivante.	50.000.000	14.000.000
Ceci s'applique également à la catégorie des pays divers, mais avec cette complication que les uns ont l'étalon d'or, les autres l'étalon d'argent; l'examen des produits importés nous conduit toutefois à cette approximation.	3.500.000	500.000
	161.500.000	35.500.000

Appliquons les mêmes principes à la classification des exportations, nous aurons :

	Exportations en or.	Exportations en argent.
	—	—
France et Europe.	45.000.000	
Chine et Japon	500.000	5.500.000
Birmanie et Siam		2.000.000
Singapore et Hong-Kong . .	5.000.000	57.500.000
Divers		45.500.000
	50.500 000	110.500.000

En ce qui concerne les transactions en piastres, les variations de cours ne jouent pas. L'on pourrait donc dire que les transactions sur lesquelles les conséquences des fluctuations de la piastre ont une répercussion se chiffrent par 161.500.000 à l'importation et 50.500.000 à l'exportation. Mais, en réalité, le chiffre des exportations influencées par le change de la piastre est beaucoup plus élevé. Si le riz, en effet, base principale de notre exportation, est vendu en piastres à Hong-Kong ou dans les Indes néerlandaises, la plus grande partie en est revendue par ces pays, soit en Chine, pays à étalon d'argent, soit en Europe à des pays à étalon d'or, et dans ce dernier cas les variations du taux de la piastre reprennent toute leur action. C'est dire, en dernière analyse, que 150.000.000 environ, ou la presque totalité de nos exportations se trouvent influencées par les variations. Ce chiffre est presque égal au chiffre des importations influencées.

Enfin, il nous reste à voir si, au point de vue économique général, la fixité du change est une facilité pour les transactions commerciales.

Les variations importantes et fréquentes du change forcent les négociants à faire entrer dans le compte de leur prix de revient, l'aléa des fluctuations de change, et il y a de ce fait un risque pour eux dans le calcul de cet aléa et une gêne pour les affaires.

En Indo-Chine, cependant, où les importations,

achats à l'extérieur et ventes dans le pays, se règlent en monnaie à étalon d'or, la répercussion de ces variations offre moins d'importance, et ce sont surtout les Straits-Settlements et Hong-Kong, pays de courtage et de transit où l'on achète en or et où l'on revend en argent, et inversement, qui souffrent de cet aléa du change.

Ces considérations posées, il convient d'examiner les conséquences de la baisse de la piastre sur l'équilibre et l'établissement du budget général.

Le total des dépenses, dans le budget général de 1902, que nous prendrons pour base de cette discussion théorique, s'élevait à 27.128.000 piastres, la piastre étant évaluée à 2 fr. 40.

Une partie de cette somme, environ 15 millions de piastres, soit 36 millions de francs sont considérés comme devant être payés en francs.

Ces 36 millions de francs se décomposent comme suit :

	Piastres.
Contribution de l'Indo-Chine aux dépenses militaires de la métropole	11.500.000
Service de la dette	11.500.000
Subventions garanties en francs à des lignes maritimes.	1.200.000
Indemnités et frais de bureau, soldes subventions à divers établissements et consulats, environ.	12.000.000

Il est bon d'ajouter que sur les 3 millions et demi de piastres environ de travaux qui figurent évalués en piastres, au budget des travaux publics, il en est une partie certainement réglable en francs.

Est-il possible pour l'avenir d'exécuter en piastres la partie du budget des dépenses actuellement réglée en francs, de façon à supprimer les risques de la baisse de la piastre ?

Pour la plus grosse part, soit 24.200.000 qui représentent les 11.500.000 de contributions aux dépenses militaires que la Métropole refuse d'accepter en piastres, les 11.500.000 du service de la dette et les 1.200.000 de subventions maritimes, toutes garanties en francs, ce serait absolument impossible, sans une véritable faillite, sans un manquement aux engagements pris.

Quant aux 12 millions relatifs aux soldes des fonctionnaires, subventions diverses, frais de bureau, etc., il y a aussi les engagements pris, puisque le paiement de leur solde fut fixé en francs par décrets, et le paiement en piastres équivaudrait pour eux à une véritable réduction d'appointements, que beaucoup parmi les petits ne pourraient probablement pas supporter.

Puisque l'examen du budget des dépenses nous prouve que cette solution est d'une application impossible, il est inutile d'étudier l'effet exact du règlement du budget en piastres sur le budget des recettes.

Voyons maintenant s'il ne serait pas possible, au contraire, d'établir complètement notre budget en francs. En ce qui concerne les dépenses, nous avons dit qu'il en était déjà ainsi pour plus de 15.000.000 de piastres.

Pour les 12.000.000 d'autres, tous les intéressés, fonctionnaires indigènes ou fournisseurs y devant trouver un bénéfice, cette transformation pourrait être chose aisée.

Il n'en serait pas de même pour les recettes. Quelques-unes sont déjà établies en francs. Mais elles ne représentent pas la moitié du chiffre total. Ce sont, par exemple :

	Piastres.
La presque totalité du produit des douanes.	6.250.000
Le produit de l'enregistrement du timbre. .	1.027.000
Le produit des postes et télégraphes	461.000
Intérêts des titres de rente françaises. (Réserves du Trésor.)	120.000
Intérêts des fonds d'emprunt	200.000
Intérêts servis par le Crédit foncier.	750.000
	8.808.000

soit, en chiffres ronds, 8.808.000 piastres ou 21.000.000 de francs. Le solde, 18.500.000 piastres ou 44.000.000 de francs, perçu en piastres, se compose de :

	Piastres.
	—
Produits des contributions indirectes et de régies	17.600.000
Produits de l'exploitation des chemins de fer.	283.000
Produits de l'exploitation des forêts	291.000
Intérêts servis par la banque de l'Indo-Chine.	160.000

Toutes ces taxes présenteraient, si elles étaient établies en francs, des difficultés inextricables pour la conversion exacte des francs en piastres et leur perception en cette monnaie, la seule usitée, parce qu'elles sont perçues par sommes le plus souvent très peu importantes, et qu'elles sont payées par des redevables qui, ne comprenant pas cette opération, n'y verraient que la variation quotidienne des impôts.

C'est pour ce motif que la fixation des taxes en francs a dû être bornée à quelques-unes seulement, et que l'on n'a pas osé jusqu'ici [1] généraliser la mesure appliquée aux droits de douane et de consommation.

En ce qui concerne, en particulier, le produit des contributions indirectes, la difficulté proviendrait surtout de ce que ces impôts sont perçus par des intermédiaires distillateurs, entrepositaires ou

1. Il y a un certain nombre d'années, on voulut faire un essai; les résultats furent désastreux. M. Eugène Étienne, alors Sous-Secrétaire d'État aux Colonies, se hâta de rapporter la mesure, et les considérations sur lesquelles il s'appuya font, à cette heure encore, loi en Indo-Chine.

fermiers généraux qui devraient, eux, en régler le montant à l'administration en francs et le récupérer en piastres chez les indigènes par la vente du produit, droit compris. Qu'arriverait-il alors ? C'est que, pour ne pas être exposés à perdre, non seulement ils prélèveraient un aléa supérieur au change réel, mais encore il serait à craindre que, par suite de l'ignorance où est l'indigène de toutes ces questions de change, ils ne soient tentés de prendre un bénéfice supplémentaire considérable.

Cette difficulté mérite d'être démontrée par un exemple.

La taxe des alcools indigènes est de 25 cents par litre d'alcool pur, soit de 50 centimes si nous la transformons en francs au cours actuel ; les bénéfices alloués aux débitants généraux et en gros sont, par contrat, fixés à 3 cents par litre pour les premiers et 1 cent par litre pour les seconds.

De plus, comme chacun sait, les achats aux distillateurs sont, par les arrêtés, fixés en piastres.

Le cours officiel étant à 2 francs, nous aurons pour un litre à 40 degrés :

	Piastres.
1° Achat au distillateur	0.13
2° Taxe $\frac{0.50}{2} - \frac{0,25 \times 40}{100} =$	0.10
3° Bénéfices des débitants 0.03 + 0.01 = . . .	0 04
Total.	0.27

Si le cours est à 2 fr. 05, la modification porte sur la taxe et nous avons :

	Piastres.
$\frac{0.50}{2.05} = 0.2439$ pour un litre d'alcool pur, soit pour un litre à 40 degrés.	0.09756
Plus achat et bénéfices.	0.17
Total.	0.26756

Combien sera vendu le litre? Très certainement 27 cents. De sorte que dans l'impossibilité d'encaisser les millièmes de piastres, les débitants encaisseront toujours le prix fort. Il en sera de même pour le demi, le quart, le dixième de litre. Or, il ne faut pas perdre de vue que la nouvelle législation sur les alcools indigènes ne donnera son plein résultat que lorsque toute la vente s'effectuera en récipients fermés à la portée de tous les acheteurs, c'est-à-dire en litres : 75, 50, 25 et 10 centilitres. Il faut que la vente soit possible à un taux exact ou admettre le bénéfice illicite que s'attribueront les intermédiaires. N'est-il pas évident que la fixation pour chaque récipient d'un prix exact et invariable de cents favoriserait le succès de cette innovation, tandis que la mobilité constante des prix coïncidant avec l'apparition des nouvelles bouteilles rendra les indigènes défiants.

Le taux variable donnera en outre aux comptables peu scrupuleux la plus grande facilité pour réaliser des bénéfices illicites.

Un chef de poste ayant un magasin à sel, reçoit, le 14, avis d'une hausse de 0 fr. 10 sur le cours de la piastre à compter du 15.

Le 14, le cours était à 2 francs et les prix s'établissaient comme suit :

$$100 \text{ kilogr. de sel} = \frac{6,60}{2} = 3\$30$$

Le 15 les prix seront :

$$100 \text{ kilogr.} = \frac{6,60}{2,10} = 3\$142$$

Soit une différence de 0.16 par 100 kilogr.

Etant donné la situation excentrique des postes, les difficultés de contrôle et de surveillance, l'agent pourra, avec l'assurance de l'impunité, inscrire une grosse vente à la date du 14 et bénéficier de 16 cents par 100 kilogr.

Les autres revenus, perçus en piastres, ne représentent qu'une infime part du budget, 700.000 piastres environ ; leur transformation serait donc insignifiante. Il est toutefois bon de dire que cette transformation en francs, appliquée aux tarifs des chemins de fer, en élevant ces tarifs, ne pourrait que nuire à l'amélioration de leur trafic.

En résumé, il paraît donc difficile d'unifier le budget général de l'Indo-Chine, en prenant comme base la piastre ou le franc. Pour pouvoir appliquer ce dernier système il faudrait absolument introduire en Indo-Chine notre système monétaire métropolitain à l'exclusion de tout autre, ce qui paraît impossible dans les conditions économiques où se trouve la colonie.

Ce que nous venons de dire pour le budget général s'applique également aux divers budgets locaux.

Leurs dépenses en francs consistent, pour la presque totalité, en appointements de fonctionnaires, dont les traitements sont fixés par décrets.

Leurs rentrées se font en piastres et sont fournies pour la plus grande partie par l'impôt foncier. Transformé en francs, ce dernier constituera pour l'indigène une augmentation d'autant plus considérable qu'il sera en butte avec ce système à des exactions infinies.

Avec le système actuel, fondé sur la piastre, l'indigène peut, à peu près, se rendre compte de ce qu'il a à payer et réclamer, le cas échéant, auprès de l'administration française contre les abus des mandarins qui se trouvent ainsi forcément limités.

Avec le système du franc, au contraire, les chefs indigènes, seuls maîtres de la répartition des impôts, pourront, sous le couvert des variations de change, faire peser sur les indigènes des exactions beaucoup plus grandes.

Pour les budgets locaux comme pour le budget général, la perception de l'impôt en francs nous semble difficile tant que le système monétaire français ne sera pas introduit en Indo-Chine.

Dans les deux cas, la répercussion sur le pays de cette transformation serait de beaucoup plus importante que le bénéfice que le Trésor en retirerait et constituerait pour l'indigène une aggravation de charges sans profit réel pour le budget. C'est le propre des mesures impolitiques et partant dangereuses.

D'autres solutions ont été préconisées pour remédier à la situation créée par la baisse de la piastre. Nous pouvons citer :

A. — Introduction de l'étalon d'or, soit par l'établissement d'un système monétaire spécial à la colonie, soit par la mise en vigueur du système monétaire français.

B. — Fixation d'un cours officiel de la piastre indo-chinoise et exclusion des piastres étrangères de la colonie.

C. — Formation d'une union d'Extrême-Orient entre les pays de ces contrées employant la piastre.

Nous allons étudier l'un après l'autre ces divers systèmes.

A. — Introduction de l'étalon d'or. — Adopter

cette solution aurait pour effet de raréfier encore la clientèle et par la suite la demande de l'argent. La première conséquence de l'introduction de l'étalon d'or dans notre colonie serait donc un nouvel avilissement de la monnaie actuelle. Ce serait porter un coup des plus sensibles à la colonie, qui possède des réserves considérables d'argent, et une menace pour les indigènes et colons, également détenteurs de piastres dans de fortes proportions.

De plus, la métropole, et elle l'a déjà prouvé, ne consentirait probablement pas à autoriser cette transformation qui accentuerait la panique sur le marché de l'argent, car elle en ressentirait, la première, le contre-coup, soit dans son stock de métal blanc, soit dans l'exportation de ses produits qui viennent concurrencer sur les marchés extérieurs ceux des pays à étalon d'argent, dont la vente, ainsi que nous l'avons dit plus haut, se trouve favorisée par la baisse de ce métal.

En outre, l'introduction de notre système monétaire français aurait le grand désavantage de jeter le trouble dans les habitudes de l'indigène : on lui demanderait, en effet, de considérer la pièce de 5 fr. dont la forme et le volume sont légèrement inférieurs à ceux de la piastre, comme valant deux piastres. Cette pièce de 5 fr. est divisée en 100 « sous », de 0 fr.05 centimes, qui ne vaudront certes pas auprès des paysans de l'intérieur plus de sapèques que n'en valent actuellement les 100 « cents » de la piastre, d'une valeur de 0 fr. 02.

Ce qu'il était possible d'entreprendre au moment de la conquête, quand la piastre avait encore conservé à peu près son cours normal, devient presque impossible aujourd'hui que nous avons sanctionné par l'usage le système monétaire indigène et que la piastre a perdu plus de 50 pour cent de sa valeur.

Ajoutons enfin que cette mesure jetterait la plus grande perturbation dans nos relations avec les pays voisins, qui ont, en ce moment, un système monétaire semblable au nôtre.

Alors que nous pouvons avoir l'espoir de détourner un jour au profit de notre colonie une partie du transit de ces pays qui se fait actuellement par Hong-Kong et Singapore, un pareil changement ne pourrait avoir lieu sans de gros inconvénients.

B. — Fixation d'un cours officiel de la piastre indo-chinoise et exclusion des piastres étrangères de la colonie.

Pour réaliser cette solution, deux moyens peuvent être employés :

1° Frapper d'un droit d'entrée mobile les piastres étrangères ;

2° Exclure complètement des transactions

intérieures les piastres autres que les piastres indo-chinoises.

Envisageons d'abord la question dans son ensemble avant de parler de ces deux moyens pratiques.

En principe, rien ne s'oppose à ce que l'on donne en Indo-Chine un cours légal à la piastre. A l'heure actuelle, le cours officiel variable diffère bien déjà du cours international de la piastre, et cependant cette différence est acceptée. Il est juste de dire que ces écarts sont loin d'avoir l'importance qu'ils auraient si la piastre avait un taux officiel fixe. Aujourd'hui, le commerce intérieur étant obligé de prendre au taux officiel une piastre dont il ne peut se servir dans ses affaires qu'avec perte, fait parfois entendre de vives plaintes quand l'écart des deux taux est trop grand. Que sera-ce lorsque les piastres étrangères ne pourront plus circuler en Indo-Chine ?

La valeur d'une monnaie, en dehors de celle du métal qui la compose, est fixée actuellement par un change variable suivant la loi de l'offre et de la demande, loi sur laquelle agissent surtout les importations et les exportations.

Quand vous importez, vous offrez, pour pouvoir payer votre vendeur étranger, de la monnaie d'or (francs, shillings, marks).

Quand vous exportez, votre acheteur offre, au

contraire, cette monnaie internationale, afin d'obtenir la monnaie dont il a besoin pour vous régler.

Lorsque la balance du commerce extérieur d'un pays s'établit en faveur des importations, l'offre de sa monnaie s'accentue, le change baisse; lorsqu'elle s'établit en faveur des exportations, la demande progresse et le change monte.

Mais, à côté des importations et exportations de marchandises, il est un autre facteur qui joue un rôle considérable dans cette question de change, c'est l'offre et la demande de monnaie, qui résultent de la balance des créances qu'un pays doit payer à l'extérieur, du fait des titres de rente en circulation.

Le paiement des intérêts devant être effectué en or, dans la presque totalité des cas, si un pays a plus de rentes à toucher du fait des titres étrangers qu'il détient, qu'il en a à payer du fait de ses titres détenus à l'étranger, c'est une demande et, dans le cas contraire, c'est une offre de sa monnaie qui se produit; toutes deux influent naturellement sur le change.

C'est en cela que la richesse d'un pays agit fortement sur son change.

La Chine nous offre une preuve de l'exactitude de cette loi. L'indemnité de guerre qu'elle a à payer peut être assimilée à une dette contractée à la suite d'un emprunt et le versement en or de cette indemnité provoque une offre de piastres considérable, qui agit sur le change d'une façon désastreuse.

Appliquons maintenant ces principes à l'Indo-Chine.

En 1902, les importations étaient supérieures de 43.000.000 aux exportations, mais on sait que les chiffres des douanes, pour cette année-là, ne représentent pas la situation sous son véritable jour. Une partie de ces importations est due, en effet, à la vigoureuse impulsion donnée aux grands travaux entrepris par le gouvernement. Or, ceux-ci sont payés en francs, avec les fonds indo-chinois disponibles et provenant de la souscription de son emprunt récent ; cet écart en faveur des importations n'a donc à proprement parler aucune influence sur le change. En l'état actuel des choses, l'Indo-Chine pourrait donc, sans craindre d'importantes fluctuations dans le change extérieur, fixer d'une façon officielle le taux de sa monnaie.

Mais en sera-t-il de même plus tard? Rien n'est moins démontré.

Nous avons vu que la baisse de la piastre, entre autres conséquences, avait pour résultat de diminuer les importations et d'augmenter les exportations. Sa fixation à un taux supérieur à celui des pays environnants n'aura-t-elle pas un effet opposé? Évidemment oui.

Prenons, comme exemple, le riz, et supposons qu'à l'heure actuelle il soit coté 10 francs sur le marché universel, avec la piastre à 2 francs. Toutes choses égales d'ailleurs, on le paiera 5 piastres dans les pays circonvoisins.

Mais, admettons maintenant que la piastre soit à 2 fr. 50 chez nous et à 2 francs à l'extérieur. On continuera à payer 5 piastres le riz dans les pays circonvoisins, mais on ne le paiera plus que 4 piastres en Indo-Chine, d'où gêne, et complications à l'exportation. En supposant, au contraire, qu'on en maintienne, chez nous le cours à 5 piastres (soit alors la parité de 12 fr. 50), la difficulté sera plus grande encore puisque nos voisins pourront l'offrir à 10 francs sur le marché universel. On pourrait, objectera-t-on, remédier en partie à cet état de choses par la suppression des droits d'exportation. D'accord, mais si la piastre continue à baisser, ce ne sera là qu'un palliatif insuffisant, et nous verrons notre exportation diminuer et rapporter beaucoup moins de piastres à l'indigène. De là, nouvelle difficulté pour la colonie de maintenir son change. La diminution des exportations, en influant sur le change, influera aussi considérablement sur le crédit du pays.

Il est bon d'ajouter que ce principe, rigoureusement exact, joue avec plus de force et de rapidité pour les produits manufacturés que pour les produits du sol.

En effet, pour les premiers, dans les pays où l'on voit s'améliorer les facilités d'exportation, on peut très vite créer de nouvelles usines, augmenter la puissance de production de celles qui existent déjà, et la répercussion se fait aussitôt sentir sur le pays où l'exportation est entravée.

Pour les produits du sol qui sont la grande source d'exportation de l'Indo-Chine, cet accroissement se fait moins vite. Il faut trouver des terrains propres à la culture, les préparer, semer, récolter, etc. La répercussion sur les pays plus mal placés est, par suite, moins prompte.

Mais cette loi économique, pour agir plus lentement, en ce dernier cas n'en agit pas moins sûrement.

C'est cependant la solution du taux fixe de la piastre qui peut encore donner la meilleure solution si l'Indo-Chine en est réduite à agir bientôt et à agir seule.

En ce cas, comment parvenir à exclure complètement les piastres étrangères? Il existe deux moyens d'atteindre ce but :

1° Les frapper d'un droit d'entrée mobile;

2° Prohiber l'emploi, dans les transactions intérieures, commerciales ou autres, des piastres autres que la piastre indo-chinoise.

1° A première vue, il semble qu'un droit fixe moyen serait un système plus libéral et d'une application plus facile ; mais il n'en est rien, en réalité; il présente, en effet, les désavantages d'offrir une prime à la spéculation, qui peut profiter d'une différence de change pour introduire, avec bénéfice, des piastres étrangères avant que le droit ne vienne à être modifié, et de considérer comme importées, sans qu'elles aient acquitté les droits, toutes les piastres étrangères existant dans le pays. D'où une grosse perte pour le Trésor, qui ne peut se livrer à un inventaire.

2° La prohibition pure et simple, au contraire, est une mesure radicale, qui, quoique moins libérale, serait après tout préférable si l'on accordait un délai suffisant pour son exécution. Le trésor pourrait reprendre ces piastres étrangères à un prix fixé d'après l'évaluation du change et les transformerait en piastres indo-chinoises. Naturellement, l'entrée en Indo-Chine de ces piastres étrangères serait interdite dès le moment où cette décision serait prise.

Il serait, dans ce cas, nécessaire de créer un nouveau type de monnaie à partir du jour où la nouvelle législation serait applicable.

Nous arrivons enfin à la troisième solution préconisée : la formation d'une union monétaire d'Extrême-Orient.

Les conceptions précédentes, nous l'avons marqué, ne pouvaient être considérées que comme des palliatifs momentanés, des dispositions provisoires, et ne devaient être acceptées que si l'Indo-Chine, isolée au milieu de l'Asie indifférente ou inerte, en était réduite à ses seules forces.

Il devient presque inutile, à cette heure, d'insister sur l'intérêt que pourraient avoir les pays d'Extrême-Orient à entrer dans une union monétaire, avec fixation officielle du taux de la piastre, et sur l'influence mondiale qu'aurait cette fixation.

Les polémiques des journaux nous indiquent, chaquejour, quelle est la crise intense dont souffrent, depuis déjà assez longtemps, les colonies britanniques, du fait de la baisse de la piastre.

Les commerçants de ces pays, gros transitaires travaillant avec l'Europe, voient leurs affaires diminuer considérablement; les armateurs anglais et chinois sentent leur fret baisser dans des proportions inquiétantes, et plus encore que le commerce indo-chinois celui de ces pays se ressent de la crise actuelle.

Leurs budgets subissent des contre-coups tout aussi fâcheux. Par suite de l'énorme indemnité de guerre qu'elle doit payer à l'Europe, la Chine, en tant que gouvernement, semble être plus intéressée que toute autre nation à faire cesser cet état de choses.

Le moment semble donc admirablement choisi pour proposer cette union, qui garantirait les cosignataires de la convention contre les risques de fluctuations du change de leurs monnaies respectives.

Le bloc ainsi formé diminuerait, d'autre part, dans de très fortes proportions, les risques de fluctuations du change vis-à-vis de l'étalon d'or, car il aurait pour conséquences :

1° De fixer la valeur marchande de la piastre, par une réglementation de la frappe ;

2° De diminuer les chances de baisse de l'argent, en assurant, à ce métal, une clientèle fixe, tandis que l'on escompte, en ce moment, la perte de cette clientèle, par l'adoption de l'étalon d'or.

En résumé, il nous semble établi que l'Indo-Chine, à l'exception de certains cas particuliers, ne souffre pas économiquement de la crise actuelle et qu'au contraire, il serait possible, ou de profiter de cette crise pour pousser au développement industriel de la colonie, ou de rester dans le statu quo si, à l'aide de nouvelles ressources, l'on parvient à équilibrer le budget, sans recourir à la mesure dangereuse de le fixer entièrement en francs.

Si, par suite de l'impossibilité d'équilibrer le budget, on se trouvait obligé de prendre une décision, le seul système n'offrant aucun désavantage sérieux serait l'Union monétaire des pays d'Extrême-Orient.

Ce n'est que dans un cas désespéré et à son corps défendant qu'il faudrait recourir à l'expédient de la fixation du taux officiel de la piastre, avec nouvelle frappe et exclusion complète de la monnaie étrangère.

Nous ne pouvons clore ce chapitre sans dire quelques mots d'une question qui préoccupe gravement la population annamite, celle de la sapèque.

Cette question est, en effet, des plus intéressantes pour la colonie, elle est d'ordre absolument intérieur et n'a aucune répercussion directe sur nos rapports, soit avec la métropole, soit avec l'étranger.

La ligature, qui se subdivise en 10 tiêns de 60 sapèques chacun, n'a pas un rapport fixe avec la piastre. Avant l'occupation française, la piastre s'échangeait pour 5 à 6 ligatures. Depuis qu'on a accepté des ligatures en paiement de l'impôt, la valeur des sapèques est très rapidement tombée et la piastre a valu jusqu'à 8 ligatures. En présence de cet avilissement, l'administration française n'avait pas jugé utile de continuer à frapper cette monnaie.

Cependant, les pièces composées de zinc et de terre se brisant facilement et le stock n'en ayant pas été renouvelé, elles se raréfièrent et le change de la ligature, vis-à-vis de la piastre, ne tarda pas à remonter.

Dès 1896, le Gouvernement indo-chinois s'était préoccupé de la question et avait réuni une commission qui, n'ayant pas trouvé un métal qui permît de produire des sapèques dans des conditions acceptables, n'arriva à aucune solution.

La sapèque a depuis continué à disparaître et actuellement elle ne suffit plus aux demandes des indigènes. Au contraire, la piastre, largement frappée par le gouvernement et mise en circulation par les Européens habitant la colonie, n'a cessé d'avoir une circulation de plus en plus considérable.

En raison de la loi de l'offre et de la demande, il s'en est suivi une hausse de la ligature par rapport à la piastre.

La cherté du riz au Tonkin a forcé les exportateurs de ces denrées, qui règlent tous leurs achats en sapèques, à demander plus largement les ligatures et, en fort peu de temps, le change a atteint des chiffres inconnus jusqu'ici.

Il devient urgent, dans ces conditions, d'étudier à nouveau cette question qui peut être très importante, tant pour le budget que pour l'avenir économique de la colonie.

En effet, le travailleur annamite, ou coolie, fait tous ses achats, nourriture, vêtements, logement, etc... en ligatures. Il est très rare qu'il ait recours à la piastre.

Il est payé, soit par l'administration, soit par les particuliers en piastres ; il est donc forcé d'échanger ces piastres contre des ligatures, et à l'heure actuelle il reçoit 40 à 50 pour 100 de moins de ces dernières.

Certains fonctionnaires indigènes touchent leur traitement en ligatures, mais comme le Trésor n'accepte plus cette monnaie, ils sont réglés en piastres sur la base de 6 ligatures à la piastre. Cet indigène reçoit donc 1 piastre par 6 ligatures qui lui sont dues ; au change, il ne reçoit que 3 ou 4 ligatures par piastre, soit une perte de 40 à 57 pour 100. C'est par trop excessif. Depuis quelque temps, les réclamations affluent de toutes parts, les fonctionnaires annamites demandent une élévation de traitement ou une réglementation du taux de la ligature. D'autre part, le service des Travaux publics, obligé aussi dans certaines provinces d'acheter des ligatures pour régler le salaire de ses coolies, qui n'accepteraient pas d'autre monnaie, subit du fait de la hausse de la ligature un très grand préjudice. Enfin, les industriels et entrepreneurs, s'ils règlent leur main-d'œuvre en piastres, s'exposent à des réclamations sans nombre de leurs ouvriers indigènes, et s'ils règlent, au contraire, leur main-d'œuvre en ligatures, ils éprouvent une perte sensible du fait de l'élévation du change.

Au point de vue économique et au point de vue budgétaire, la situation vaut, on le voit, la peine d'être examinée, la raréfaction de la sapèque et l'élévation de son cours pouvant amener une hausse générale du prix de la main-d'œuvre et des objets de première nécessité.

Si, d'une façon générale, les élévations du prix de la main-d'œuvre et des marchandises ou denrées sont la preuve de la richesse d'un pays, si les progrès de la civilisation dans une colonie y amènent forcément une augmentation des besoins des indigènes, et par conséquent un renchérissement général, il est aussi du devoir d'un bon gouvernement, sans aller à l'encontre de cette loi économique, de ne rien faire pour accentuer ce mouvement, mais plutôt au contraire d'en réglementer l'évolution.

En effet, si l'augmentation des prix des différents produits est une preuve de richesse, cette richesse, surtout dans une colonie encore jeune, ne peut être maintenue et augmentée que par un effort économique régulier et constant. Cet effort économique lui-même ne peut se développer que par le bon marché des matières premières et de la main-d'œuvre ; si leur prix s'élève par trop vite, l'effort économique se trouve enrayé et l'avenir de la colonie peut être compromis.

Pour éviter ce péril, il devient nécessaire de conserver le plus longtemps possible, à la base du système monétaire indo-chinois, une pièce comme la sapèque, ayant une valeur excessivement minime, et aussi de la faire revenir à son taux normal en ramenant le prix de la ligature vis-à-vis de la piastre à une proportion plus juste et plus régulière. Mais il importe de sortir au plus tôt de l'étude théorique de la question et de donner à l'indigène, en ce moment dépourvu de monnaie, les moyens de s'affranchir des difficultés de toutes sortes au milieu desquelles il se débat depuis déjà longtemps.

CONCLUSION

Cette étude est forcément incomplète. Nous avons dû resserrer dans un cadre limité d'avance un sujet démesurément vaste. Nous avons dû, par suite, laisser dans l'ombre plus d'un point qui eût demandé des études spéciales, comme par exemple la question des impôts, si intimement liée à la question budgétaire, devenue à cette heure la première des préoccupations. Peut-être y reviendrons-nous un jour.

Nous n'avons voulu nous occuper que d'une chose, le développement, ou pour mieux dire l'avenir économique de l'Indo-Chine. Nous nous sommes efforcés de tirer d'un examen approfondi des faits, de constatations pour la plupart faites sur place, les conclusions qui s'imposaient et dont chacun pourra vérifier les termes.

Ce qui se dégage de la situation présente, c'est

qu'on a voulu aller beaucoup trop vite. Un inventaire général eût dû tout d'abord être dressé. En Indo-Chine, nous avons, semble-t-il, agi avec notre tempérament national. Nous avons été pressés de mettre sur pied une œuvre qui parût se tenir. Or, cette conception est contraire au tempérament du pays, fait de calme, de patience. On a voulu, d'un seul coup, faire *du définitif* dans un pays où rien n'est définitif, où on peut être, où on sera amené, au fur et à mesure qu'on le connaîtra mieux, et qu'on le pénètrera davantage, à modifier ses premières dispositions. Peut-être eût-il mieux valu recourir au provisoire, parer au plus pressé, quitte à modifier les premières entreprises suivant l'évolution de nos pensées et de nos sentiments. Mais cette vigoureuse et hardie impulsion était, d'un autre côté, nécessaire pour calmer les inquiétudes et donner confiance et, à tout prendre, il faut se féliciter qu'elle ait été entreprise. Il est vrai qu'elle a été supérieurement conduite et que les dimensions grandioses du cadre permettent d'oublier le brusque de certains détails. Il faut la compléter aujourd'hui par une mise au point, par des rectifications et des retouches, qui demanderont à être faites avec infiniment de tact et de méthode afin de paraître insensibles aux yeux sagaces des Annamites.

L'Indo-Chine a traversé de rudes épreuves. Elle

est aujourd'hui sortie de la phase difficile. Elle entre dans la voie de la mise en valeur et le développement naturel de ses richesses doit lui assurer, à bref délai, une période de longue prospérité. Il faut se garder de précipiter cette évolution, mais au contraire la régler, la surveiller, la diriger. Pensez qu'une erreur, un défaut d'aiguillage pourrait avoir les pires conséquences. Les capitaux commencent à apprendre le chemin de l'Indo-Chine. Demain, ils y afflueront. A la moindre alerte, pris de panique, ils en reviendraient et tout serait à recommencer. Et l'œuvre à refaire serait d'autant plus longue, que des exemples fâcheux seraient là pour intimider ou paralyser les efforts.

A la faveur de cette transformation qui apportera à l'Annamite plus de bien-être et plus de confiance, il faut achever l'œuvre de pénétration réciproque des races. Il faut que l'Annamite, non seulement comme il le fait aujourd'hui, nous respecte et nous craigne, mais qu'il nous aime et nous fréquente. Et, de notre côté, il faut que nous nous efforcions de pénétrer plus avant dans son intimité, que nous apprenions sa langue, et que des rapports mutuels d'estime et de confiance s'établissent de plus en plus. Il faut que nous utilisions davantage les ressources locales, que nous intéressions l'indigène — et si possible même effectivement — à tous nos efforts et que nous fassions appel aux concours locaux pour les grands travaux d'ordre général qui restent à entreprendre. L'Indo-Chine a une mission historique à accomplir. Placée au point de contact de plusieurs races, son rôle dans le monde peut lui donner une place prépondérante dans la marche de l'humanité. Sentinelle avancée en Extrême-Orient, elle surveille et sépare bien des appétits et des convoitises. Quel sera son avenir? La France, en la prenant sous sa protection, a assumé de grands devoirs.

Unies par le sang versé en commun, par des intérêts réciproques, par une confiance et un amour mutuels, elles doivent ensemble achever leurs destinées. Et ce ne sera pas pour la République un de ses moindres titres à la reconnaissance de l'histoire que cette colonie, hier encore exposée aux pires calamités et aujourd'hui devenue, grâce à elle, un des pays les plus riches et les plus prospères de tout l'Extrême-Orient.

FIN

TABLE DES MATIÈRES

LIVRE DEUXIÈME

De l'inutilité de modifier sa structure politique.

CHAPITRE PREMIER

CHAPITRE II

LIVRE TROISIÈME

Des raisons et de la nécessité de développer ses richesses économiques.

CHAPITRE PREMIER

CHAPITRE II

CHAPITRE III

CHAPITRE IV

CHAPITRE V

CHAPITRE VI

CHAPITRE VII

CHAPITRE VIII

CHAPITRE IX

ÉMILE COLIN, IMPRIMERIE DE LAGNY (S.-ET-M.)

Paris. — Imp. E. CAPIOMONT et Cie, rue de Seine, 57.

www.ingramcontent.com/pod-product-compliance
Ingram Content Group UK Ltd.
Pitfield, Milton Keynes, MK11 3LW, UK
UKHW021940200726
13856UKWH00005B/385